Aldidente
Supertorten

Gabriele Rescher

Aldidente Supertorten

Modisch – preiswert – lecker

Eichborn.

1 2 3 4 05 04 03

Umschlaggestaltung: Christiane Hahn
Lektorat: Oliver Thomas Domzalski
Layout: Tania Poppe
Satz: Fuldaer Verlagsagentur, Fulda
Druck und Bindung: Ueberreuter Buchproduktion, Korneuburg
ISBN 3-8218-4831-6

Verlagsverzeichnis schickt gern:
Eichborn Verlag, Kaiserstr. 66, 60329 Frankfurt
www.eichborn.de

Vorwort

Schon lange bevor der Begriff »Modetorten« auf dem Buchmarkt erschien, gingen viele dieser Rezepte, die zuvor nur als Geheimtipp unter den »backwütigen« Hausfrauen galten, von Mund zu Mund.

Denn Klassiker und Evergreens werden immer und zu jeder Zeit die Kaffeetafeln zieren, aber was ist mit all den Backideen, die nur hinter vorgehaltener Hand von Freundin zu Freundin, von Mutter zu Tochter und von Hausfrau zur Nachbarin »weitergeflüstert« werden? Auf leichte Art neue Geschmackserlebnisse schaffen, das ist für jeden Backfan eine immer neue Herausforderung. Die meisten Rezepte kann man nach Geschmack abwandeln, einige sind mit Fertigprodukten wie »Snickers« oder »Mon Chéri« hergestellt. Aber es müssen nicht immer die teuren Markenartikel sein. Aldi bietet eine Vielzahl von Alternativmöglichkeiten, die den gleichen Effekt erzielen. Mit etwas Phantasie fallen einem da auch völlig neue Variationen ein und man hat die Möglichkeit, sie für kleines Geld auszuprobieren.

In einem aber sind sich alle so genannten Modetorten gleich: Sie sehen einfach lecker und zum Anbeißen aus und sind ein echter »Hingucker« auf jeder Party oder Geburtstagsfeier.

Zutaten, die es nicht bei Aldi gibt, sind von mir kursiv geschrieben worden.

Aldi-Alternativprodukte
Nach meinen Recherchen sind diese Artikel bei Aldi Nord und Süd identisch.

6

Artikel	Aldi
Nutella	Nusskati
Bounty	Coconut Bits
Snickers	Peanuts Bits
Milky Way	Coco Bits
After Eight	Scholetta Mints
Negerküsse	Schoko Küsse
Lions Crisby	Bits
Choco Crossies	Knusper Schoklis
Happy Hippo	Schoko Milch Jumbo
Mars	Race
KiteKat	Super Knicks
Mon Cherie	Herzkirschen
Twix	Get it
Yes	Montana
Kinderschokolade	Chateau Riegel
Yogurette	Erdbeer-Joghurt-Riegel
Amicelli	Condor Waffelröllchen

Inhaltsverzeichnis

Meuterei auf der Bounty

Zutaten für den Teig:

200 g Butter
180 g Zucker
2 Pck. Vanillinzucker
1 Prise Salz
4 Eier
375 g Mehl
1 Pck. Backpulver

Zutaten für Belag und Deko:

20 Kokosriegel (z. B. Coconut Bits oder *Bounty*)
250 g Zartbitter-Kuvertüre

Aus den Zutaten für den Teig einen geschmeidigen Rührteig herstellen. Die Hälfte des Teiges in eine runde, eingefettete Kuchenform verteilen und glatt streichen. Dann die Kokosriegel kranzförmig auf den Teig legen und den restlichen Teig darauf geben. Bei 180° auf der mittleren Schiene ca. 40 Minuten backen.

Kuchen erkalten lassen und mit der vorher im heißen Wasserbad geschmolzenen Zartbitter-Kuvertüre überziehen.

Scharfe Brise

600 g Sahne
1 Pck. Pfefferminztäfelchen (z. B. Scholetta Mints oder *After Eight*)
75 g Butter
75 g Zucker
2 Pck. Vanillinzucker
5 Eier
200 g gemahlene Mandeln
150 g Raspelschokolade
1 TL Backpulver
2 EL Weinbrand
2 Pck. Sahnesteif

10

Aus der Packung 8 Pfefferminztäfelchen für die Deko zur Seite legen. Einen Abend vor der Zubereitung des Kuchens die restlichen Pfefferminztäfelchen mit der Sahne aufkochen und über Nacht in den Kühlschrank stellen.

Die weiche Butter mit Zucker und Vanillinzucker schaumig rühren, anschließend die Eier trennen und das Eigelb unterrühren. Mandeln mit dem Backpulver und der Raspelschokolade vermischen und dem Teig hinzufügen. Alles weiter rühren, bis wir einen geschmeidigen Teig erhalten. Dann den Weinbrand unterrühren. Eiweiß mit dem Mixer oder dem Schneebesen zu steifem Schnee schlagen und unter den Teig heben.

Zum Schluss den Teig in eine eingefettete Springform geben. Im vorgeheizten Backofen bei 175° ca. 30 Minuten backen und anschließend völlig abkühlen lassen. Die gut gekühlte Mintsahne mit Sahnesteif steif schlagen. Einen kleinen Teil für die Deko zurückbehalten, die restliche Sahne auf den Boden verteilen und glatt streichen. Mit Hilfe einer Tortenspritze 16 Tupfen auf den Kuchen spritzen und mit je einem halben Pfefferminztäfelchen verzieren.

Schnelle Erfrischungstorte

1 Wiener Boden
4 Beutel Ce Frisch
4 Becher Schlagsahne
2 Pck. Vanillinzucker
3 Pck. Sahnesteif
2 kleine Dosen Mandarinen
1 Becher Schmand

Den fertigen Wiener Boden einmal teilen und mit einem Tortenring versehen. Ce-Frisch mit der Sahne, Vanillinzucker und dem Sahnesteif steif schlagen. Eine Hälfte des Wiener Bodens mit dem Schmand bestreichen und mit den abgetropften Mandarinen belegen, anschließend die Ce-Frisch-Sahnemasse darüber geben und mit Mandarinen garnieren. Torte mindestens drei Stunden im Kühlschrank fest werden lassen.

Cola-Torte

250 g Butter
250 ml Cola (z. B. River-Cola)
3 EL Kakao
300 g Mehl
400 g Zucker
1 Pck. Vanillinzucker
2 Eier
125 ml Buttermilch
12 *1 TL Natron*
3 Tassen Mäusespeck (Marshmallows)
200 g Schokoladenkuvertüre
7 EL Cola

Die weich gehaltene Butter, Cola und Kakao verrühren und aufkochen. In eine Schüssel Mehl, Zucker und Vanillinzucker geben, die heiße Colamasse darüber gießen und verrühren. Etwas abkühlen lassen, dann die Eier, Buttermilch und Natron nach und nach unterrühren. Den Teig in eine gefettete Springform füllen. (Vorsicht, der Teig ist sehr flüssig, eventuell Alufolie unter die Springform legen.) Zuletzt die Marshmallows leicht in den Teig drücken. Bei 180° ca. 50 Minuten backen. (Stäbchenprobe!) Für den Guss Schokoladenkuvertüre und 7 EL Cola verrühren und den warmen Kuchen damit überziehen.

Rote-Wangen-Kuchen

300 g Zucker
300 g Butter
6 Eier
1 Pck. Backpulver
300 g Mehl
150 g Schokoraspel
2 TL gemahlener Zimt
2 TL löslicher Kakao
2 Pck. Vanillinzucker
1/8 l Rotwein
10 ml Weinbrand (aus dem Minispirituosen-Sortiment)
1 Prise Salz
etwas Semmelmehl

Zucker, Butter und Eier schaumig rühren. Backpulver unter das Mehl mischen, restliche Zutaten dazugeben und alles zu einem geschmeidigen Teig verarbeiten. Eine Kastenform fetten und mit Semmelmehl bestreuen. Bei 200° ca. 50 Minuten auf der mittleren Schiene backen.

Südländischer Traum

Zutaten für den Teig:

4 Eier
2 Tassen Zucker
1 Tasse Öl
1 Tasse Orangenlimonade
(z. B. River Orange oder *Fanta*)
3 Tassen Mehl
1 Pck. Backpulver

Zutaten für den Belag:

¼ l Mandarinensaft
1 Pck. Tortenguss
7 kleine Dosen Mandarinen
2 Becher Sahne
1 EL Zucker
2 Becher Schmand
Zucker und Zimt

Eier trennen. Eigelb mit Zucker, Öl und Limonade schaumig schlagen, bis sich der Zucker völlig gelöst hat. Mehl und Backpulver mischen und mit den erstgenannten Zutaten verrühren, bis wir einen geschmeidigen Teig haben. Zum Schluss das steif geschlagene Eiweiß unterheben. Den Teig auf ein gefettetes Backblech streichen und ca. 25 Minuten bei ca. 200° abbacken.

Den Mandarinensaft mit dem Tortenguss nach Packungsanweisung andicken und auf den noch lauwarmen Kuchen streichen. Mandarinen über einem Sieb abtropfen lassen und auf dem Kuchen verteilen. Die Schlagsahne mit dem Zucker steif schlagen, vorsichtig den Schmand unterheben und über die Mandarinen streichen. Zum Schluss den mit Zucker vermischten Zimt überstreuen. Kalt stellen.

Negerkusstorte

Zutaten für den Teig:

4 EL Zucker
1 Pck. Vanillinzucker
1 EL Essig
2 EL Öl
3 Eier
1 gehäufter TL Backpulver
5 gehäufte EL Mehl

Zutaten für den Belag:

12 Negerküsse
250 g Speisequark
1 EL Zitronensaft
½ l Schlagsahne
2 Pck. Sahnesteif
1 Pck. Vanillinzucker

Zucker, Vanillinzucker, Essig, Öl und die Eier schaumig rühren, dann das mit dem Backpulver vermischte Mehl unterrühren und alles zu einem geschmeidigen Teig verarbeiten. Eine runde Springform einfetten, den Teig einfüllen und bei 150° ca. 15 Minuten abbacken und abkühlen lassen.

Von den Negerküssen die Waffelböden abnehmen, die Schaummasse mit der Gabel zerdrücken und zusammen mit dem Speisequark und Zitronensaft zu einer glatten Masse verrühren. Schlagsahne mit dem Sahnesteif und Vanillinzucker steif schlagen und vorsichtig unter die Schaum-Quark-Masse heben. Um den Tortenboden einen Tortenring legen, den Tortenboden mit dem Belag bestreichen und die Torte mit den Waffelböden der Negerküsse verzieren. Im Kühlschrank fest werden lassen.

Kernbeißer-kuchen

1 Teigmischung für Rührkuchen (500 g)
250 g weiche Butter
3 Eier
1 Pck. Vanillinzucker
9 EL Milch
 16
8 Stück Erdnussriegel (z. B. Peanuts Bits oder *Snickers*)
250 g Zartbitter-Kuvertüre
125 g grob gehackte ungesalzene Erdnüsse

Aus der Teigmischung mit Butter, Eiern, Vanillinzucker und Milch einen Rührteig herstellen. Eine Kastenform einfetten und den Teig einfüllen. Die Peanuts Bits auf dem Teig anordnen und etwas eindrücken. Auf der mittleren Schiene den Kuchen bei 175° ca. $1\frac{1}{4}$ Stunde backen und auf einem Gitter abkühlen lassen. Dann die Kuvertüre schmelzen und den Kuchen damit überziehen. Die Erdnüsse über die noch warme Kuvertüre streuen.

Muh-Kuh-Kuchen

125 g weiche Butter
125 g Zucker
6 Eier
125 g Schokolade
125 g geriebene Mandeln
125 g Mehl
2 TL Backpulver
1 Pck. Schokoladenglasur
1 Pck. helle Glasur

Butter, Zucker und Eier mit einem Handrührgerät auf mittlerer Stufe gründlich verrühren, bis sich der Zucker völlig gelöst hat. Schokolade klein hacken, zusammen mit den geriebenen Mandeln und dem mit dem Backpulver vermischten Mehl dazugeben und alles auf kleinster Stufe durchrühren.

Eine Springform einfetten, den Boden mit Backpapier auslegen und den Teig einfüllen. Den Teig auf der mittleren Schiene bei 180° ca. 40 bis 50 Minuten abbacken.

Eventuell nach der Hälfte der Backzeit ein Stück Alufolie über den Kuchen legen, damit er nicht zu braun wird. Nach Beendigung der Backzeit den Kuchen auf einem Kuchengitter abkühlen lassen. Dann den Kuchen aus der Form lösen und das Backpapier entfernen.

Nun die helle Glasur in einem heißen Wasserbad flüssig werden lassen. Zuerst wird die Oberseite des Kuchens mit der hellen Glasur gleichmäßig bestrichen. Am besten nimmt man dazu einen Pinsel. Dann die Glasur fest werden lassen. Zum Schluss die Schokoglasur im heißen Wasserbad schmelzen und mit Hilfe eines Teelöffels kleine braune Kleckse auf der weißen Glasur anordnen und etwas verstreichen.

Amerikanischer Traum

Zutaten für die Creme:

500 ml Schlagsahne
10 Riegel *Milky Way* oder Coco Bits
125 g Zartbitterschokolade
2 Pck. Sahnesteif

Zutaten für den Teig:

2 Eier
2 EL heißes Wasser
100 g Zucker
1 Pck. Vanillinzucker
50 g Speisestärke
100 g Weizenmehl
1 TL Backpulver

Zutaten für den Belag:

2 Dosen Pfirsiche
4 EL Nuss-Nougat-Creme
(z. B. Nusskati oder *Nutella*)
2 Pck. heller Tortenguss
250 ml Pfirsichsaft

Zutaten für die Joghurtcreme:

1 Pck. weiße gemahlene Gelatine
4 EL kaltes Wasser
275 g Joghurt
1 EL Zitronensaft
etwas Kakaopulver

Die Milky-Way-Creme am Abend vor der Zubereitung des Kuchens fertig stellen.

Dazu Schlagsahne und Milky-Way-Riegel erwärmen, bis sie sich völlig aufgelöst haben. Die Schokolade grob raspeln und dazugeben, alles nochmals erwärmen, bis auch die Schokolade völlig geschmolzen ist. Alles in eine Schüssel füllen und über Nacht in den Kühlschrank stellen.

Für den Teig Eier und Wasser

kräftig schaumig schlagen. Zucker und Vanillinzucker zufügen und mit dem elektrischen Rührgerät ca. 2 bis 3 Minuten alles weiter schlagen, bis wir eine schaumige Masse haben. Mehl, Speisestärke und Backpulver vermischen, der Eiercreme hinzufügen und alles nochmals mit dem Mixer auf niedrigster Stufe verrühren. Den Teig in eine gefettete und mit Backpapier ausgelegte Springform füllen und auf mittlerer Schiene bei 180° (vorgeheizt) ca. 25 Minuten abbacken.

Dann den Tortenboden aus der Backform lösen, auf ein Kuchengitter stürzen, Backpapier abziehen und abkühlen lassen.

Nun die Pfirsiche für den Belag über einem Sieb abtropfen lassen, den Saft dabei auffangen, 3 Pfirsichhälften zurücklegen und den Rest in Spalten schneiden. Die Nuss-Nougat-Creme im Wasserbad flüssig werden lassen, den Tortenboden damit bestreichen und mit Pfirsichspalten belegen.

Aus Tortenguss, Zucker und 250 ml Pfirsichsaft nach Packungsanweisung einen Guss herstellen und auf den Pfirsichen verteilen.

Für die Joghurtcreme Gelatine mit Wasser anrühren und 10 Minuten quellen lassen. Dann den Joghurt mit Zitronensaft verrühren. Die beiseite gelegten Pfirsiche mit dem Mixstab pürieren und unter den Joghurt rühren. Nun die Gelatine unter ständigem Rühren erwärmen, bis sie sich gelöst hat, dann unter die Joghurtmasse rühren. Die Masse auf die Pfirsiche streichen und die Torte in den Kühlschrank stellen.

Die Milky-Way-Creme mit Sahnesteif steif schlagen, über die Joghurtmasse streichen, mit Kakao bestreuen und nochmals für ein paar Stunden im Kühlschrank kalt stellen.

Brasilianischer Kokoszauber

Zutaten für den Biskuitteig:

3 Eier
3 EL heißes Wasser
150 g Zucker
1 Pck. Vanillinzucker
100 g Mehl
30 g Speisestärke
1 Msp. Backpulver

Zutaten für den Knetteig:

100 g Mehl
50 g Zucker
1 Prise Salz
70 g Butter
3 EL Aprikosenkonfitüre

Zutaten für die Füllung:

250 ml Schlagsahne
150 g Kokosnusscreme
6 EL Batida de Coco
3 Bananen

Zutaten für die Deko:

250 ml Schlagsahne
1 Pck. Sahnesteif
2 Pck. Vanillinzucker
125 g Kokosraspel
1 EL bunte Zuckerstreusel

Für den Biskuitteig Eier und heißes Wasser mit dem Mixer auf höchster Stufe schaumig rühren. Zucker und Vanillinzucker einstreuen und weiter rühren. Mehl, Speisestärke und Backpulver miteinander vermischen und nach und nach unter die Eiermasse rühren. Eine Springform einfetten, den Boden mit Backpapier auslegen, den Teig einfüllen und bei 180° im vorgeheizten Backofen ca. 30 Minuten abbacken. Dann den Boden aus der Form lösen, auf ein Kuchengitter stürzen, das Backpapier entfernen und den Boden abkühlen lassen. Anschließend einmal quer teilen.

Für den Knetteig alle Zutaten miteinander verkneten und zu groben Streuseln verarbeiten. Eine Springform einfetten, die Streusel zu einem glatten Boden andrücken und mehrmals mit der Gabel einstechen. Bei 220° ca. 15 Minuten abbacken. Den Boden aus der Springform lösen, auf einem Kuchengitter abkühlen lassen und mit der Konfitüre bestreichen.

Schlagsahne steif schlagen, Kokosnusscreme erwärmen und wieder ein wenig abkühlen lassen, sie muss aber noch gut flüssig sein. Dann unter die Sahne rühren.

Den ersten Biskuitboden auf den Knetteigboden legen, mit 3 EL Batida beträufeln und mit der Hälfte der Kokossahne bestreichen. Bananen in Scheiben schneiden und auf der Kokossahne verteilen. Die restliche Sahne über die Bananen streichen. Dann den zweiten Biskuitboden auflegen und mit 3 EL Batida beträufeln.

Für die Verzierung Schlagsahne mit Sahnesteif und Vanillinzucker steif schlagen. Nun die Tortenoberfläche und den Tortenrand mit der Sahne bestreichen. Kokosraspel in einer Pfanne ohne Fett anrösten, abkühlen lassen und zusammen mit den bunten Zuckerstreuseln über die Torte streuen.

Zebraflecken-kuchen

Zutaten für den Teig:

5 Eier
250 g Zucker
1 Pck. Vanillinzucker
½ Fläschchen Buttervanillinaroma
125 ml warmes Wasser
250 ml Öl
375 g Mehl
1 Pck. Backpulver
3 EL Kakao

Zutaten für den Guss:

150 g gesiebter Puderzucker
2 EL Zitronensaft
4 EL Wasser

Eier trennen, Eigelb mit Zucker und Vanillinzucker schaumig rühren. Anschließend Aroma, warmes Wasser und Öl unterrühren. Mehl und Backpulver miteinander vermischen und langsam nach und nach unter die Ei-Öl-Masse rühren. Eiweiß sehr steif schlagen und vorsichtig unter den Teig heben. Den Teig nun in zwei Hälften teilen, die eine Hälfte mit dem Kakao verrühren.

Anschließend eine Springform einfetten, dann zuerst zwei Esslöffel des hellen Teiges in die Mitte setzen. In die Mitte des hellen Teiges zwei Esslöffel des dunklen Teiges geben, nicht verteilen. Darauf wieder zwei Esslöffel vom hellen Teig geben und so lange wiederholen, bis der Teig verbraucht ist. Der Teig darf auch zum Schluss nicht glatt gestrichen werden. Nun den Kuchen bei 180° ca. 60 Minuten auf der mittleren Schiene abbacken. Aus Puderzucker, Zitronensaft und Wasser eine Glasur anrühren und den kalten Kuchen mit Hilfe eines Pinsels damit rundherum bestreichen.

Winter-
schmaustorte

Zutaten für den Teig:
125 g weiche Butter
125 g Zucker
1 Prise Salz
1 Pck. Vanillinzucker
4 Eier
125 g Weizenmehl
1 TL Backpulver
75 g Kokosraspel
Butter für die Form

Zutaten für die Füllung:
1 Pck. Kirschpralinen oder 12 Stück
(z. B. Herz-Kirschen oder
Mon Chéri)
8 EL Sauerkirschmarmelade
500 ml Schlagsahne
1 Pck. Vanillinzucker
2 Pck. Sahnesteif
150 g Kokosraspel

Butter, Zucker, eine Prise Salz und Vanillinzucker schaumig rühren. Nach und nach die Eier und zum Schluss in kleinen Portionen das mit dem Backpulver vermischte Mehl unterrühren.

Kokosraspel in einer beschichteten Pfanne ohne Fett anrösten und unter den Teig heben. Teig in eine mit Butter eingefettete Springform füllen und im vorgeheizten Backofen bei 175° ca. 30 bis 40 Minuten backen.

Den Boden kurz abkühlen lassen und quer halbieren. Pralinen im Wasserbad schmelzen, mit der Marmelade vorsichtig verrühren und den unteren Boden damit bestreichen. Schlagsahne mit Vanillinzucker und Sahnesteif steif schlagen. Die Hälfte davon auf dem Marmeladen-Kirschkonfekt-Belag verstreichen, den oberen Tortenboden auflegen und mit der restlichen Sahne bestreichen. Zum Schluss den Schnee aus Kokosraspeln auf die Sahne streuen und die Torte ca. 2 Stunden im Kühlschrank kalt stellen.

Knuspertorte

Zutaten für den Biskuitteig:

2 Eier
1 Prise Salz
40 g Zucker
60 g Mehl
30 g zerlassene Butter

Zutaten für den Rührteig:

250 g Butter oder Margarine
200 g Zucker
1 Pck. Vanillinzucker
1 Prise Salz
abgeriebene Schale einer unbehandelten Zitrone
4 Eier
350 g Mehl
2 TL Backpulver
4 EL Milch

Zutaten für den Belag:

50 g Cornflakes
50 g zerstoßene Knusper Schoklis oder *Choco Crossies*

Zutaten für die Füllung:

500 ml Schlagsahne
2 Pck. Sahnesteif
2 Pck. Vanillinzucker
150 g Knusper Schoklis oder *Choco Crossies*

Zutaten für die Deko:

Einige Knusper Schoklis oder *Choco Crossies*

Für den Biskuitteig Eier trennen. Eigelb, Salz und Zucker sehr schaumig schlagen. Das Eiweiß steif schlagen und auf die Eigelb-Creme setzen. Mehl darüber sieben und alles vorsichtig vermischen. Zum Schluss die zerlassene Butter unterrühren. Teig in eine gefettete Tortenbodenform füllen und im vorgeheizten Ofen bei 200° ca. 15 Minuten goldgelb abbacken.

Den Boden aus der Form lösen, auf ein Kuchengitter stürzen und erkalten lassen.

Für den Rührteig weiche Butter schaumig rühren. Zucker, Vanillinzucker, Salz und Zitronenschale dazugeben und so lange rühren, bis sich der Zucker gelöst hat, dann erst nach und nach die Eier unterrühren. Nun das Mehl mit Backpulver mischen, abwechselnd mit der Milch zu den anderen Zutaten geben und unterrühren.

Den Teig in eine gefettete und mit Mehl ausgestäubte Backform füllen. Für den Belag Cornflakes und zerstoßene Choco Crossies mischen und auf den Teig streuen. Im vorgeheizten Backofen bei 180° ca. 30 Minuten backen, anschließend erkalten lassen.

Für die Füllung Sahne mit Sahnesteif und Vanillinzucker steif schlagen, Choco Crossies grob hacken, unterheben und mit der Hälfte der Sahne den Biskuitboden bestreichen. Dann den Rührteigboden auflegen, die Torte mit der restlichen Sahne bestreichen und mit Choco Crossies verzieren.

Süße Versuchung

Zutaten für den Biskuitteig:

4 Eier
150 g Zucker
1 Pck. Vanillinzucker
100 g Mehl
1 TL Backpulver

150 g gemahlene Haselnüsse
50 g Zartbitterschokolade

Zutaten für die Füllung:

1 Pck. weiße gemahlene Gelatine
275 ml Sahnelikör mit Scotch Whisky von Rockforth oder *Baileys*
600 ml Schlagsahne
20 g Zucker
1 Pck. Vanillinzucker
50 g gehackte Haselnüsse

Für den Biskuitteig Eier mit Zucker und Vanillinzucker schaumig schlagen. Mehl und Backpulver miteinander vermischen und langsam nach und nach unterrühren. Zum Schluss Nüsse und geriebene Schokolade unterheben. Teig in eine am Boden mit Backpapier belegte Springform füllen, sofort in den Backofen schieben und ca. 35 bis 40 Minuten bei 180° abbacken.

Anschließend den Boden sofort aus der Form lösen, auf ein Kuchengitter stürzen, Backpapier abziehen und erkalten lassen. Völlig ausgekühlt zweimal waagerecht durchschneiden.

Gelatine für die Füllung mit kaltem Wasser in einem kleinen Topf anrühren und 10 Minuten zum

Quellen stehen lassen, anschließend unter Rühren erwärmen, bis sie sich völlig gelöst hat. Abkühlen lassen und nun mit 200 ml Likör verrühren. Sahne mit Zucker und Vanillinzucker steif schlagen und unter die Gelatinemischung heben. Ein Drittel der Creme auf den unteren Boden streichen, mit dem mittleren Boden bedecken und diesen anschließend mit dem übrigen Likör tränken. Wieder mit ca. einem Drittel der Likörcreme bestreichen und mit dem oberen Boden bedecken. Zum Schluss die gesamte Torte mit der restlichen Sahne-Likör-Creme bestreichen und mit Nüssen bestreuen.

Fix-Frischkäsetorte ohne Backen

150 g Löffelbiskuit
125 g Butter
600 g Frischkäse
300 g Joghurt
3 EL Zitronensaft
 30
1 Pck. Tortenguss, klar
75 g Zucker
150 ml Wasser
1 Dose Mandarinen

Löffelbiskuit in eine Folientüte, am besten einen Gefrierbeutel, füllen, zubinden, mit einer Backrolle oder einer Flasche auf einer glatten Unterlage vollständig zerbröseln und in eine Rührschüssel geben. Butter in der Mikrowelle oder auf dem Herd leicht anschmelzen und mit den Löffelbiskuit-Bröseln vermischen. Eine Springform am Boden mit Backpapier auslegen, mit dem Biskuitteig füllen und gut andrücken.

Frischkäse, Joghurt und Zitronensaft mit dem Mixer verrühren. Dann den Tortenguss, Zucker und 150 ml Wasser nach Packungsanweisung aufkochen und unter die Frischkäse-Creme rühren. Mandarinen gründlich abtropfen lassen und unter die Creme heben. Dann alles auf den Biskuitteig füllen, glatt streichen und für mehrere Stunden in den Kühlschrank stellen.

Schneller Sonntagskuchen

375 g Butter oder Margarine
200 g Puderzucker
1 Pck. Vanillinzucker
6 Eier
375 g Mehl
1 Pck. Backpulver
1½ TL Eierlikör
12 Schokoriegel, z.B. *Duplo*
1 Pck. Schokokuvertüre

Aus den Zutaten einen Rührteig bereiten und die Hälfte des Teiges in eine gefettete Springform füllen. Auf dem Teig Duploriegel verteilen. Restlichen Teig einfüllen und alles bei 180° ca. 70 Minuten backen. Nach dem Backen auf ein Kuchengitter stürzen und erkalten lassen. Zum Schluss die im heißen Wasserbad geschmolzene Kuvertüre über dem erkalteten Kuchen verstreichen und fest werden lassen.

Kuppeltorte

2 Eier
80 g Zucker
80 g Mehl
1 Msp. Backpulver
1 Glas Sauerkirschen
2 Pck. roter Tortenguss
5 Pck. Hanuta
2 Becher Sahne
2 Pck. Sahnesteif
100 g gehackte Haselnüsse

Eier trennen. Eigelb mit Zucker schaumig rühren. Mehl mit Backpulver vermischen und unter den Eierschaum rühren. Eiweiß steif schlagen und vorsichtig unter den Teig heben. Den Teig in eine gefettete Springform füllen und bei 200° ca. 15 Minuten backen. Sauerkirschen über einem Sieb abtropfen lassen. Mit dem Saft Tortenguss nach Packungsanweisung herstellen, dann die Kirschen unterrühren. Etwas abkühlen lassen, dann die Sauerkirschen mit dem Tortenguss auf dem Boden verteilen. Völlig auskühlen und steif werden lassen. Nun die Hanuta völlig zerbröseln. Am besten geht das, indem man die Hanuta in einen Gefrierbeutel packt, den man dann mit den Händen zerdrückt. Sahne mit Sahnesteif steif schlagen, die Hanutabrösel unterrühren und kuppelartig auf die Kirschen streichen. Haselnüsse in einer beschichteten Pfanne ohne Fett anrösten, abkühlen lassen und auf die Sahne streuen. Bis zum Servieren kalt stellen.

Kongotorte

Zutaten für den Boden:

150 g Mehl
125 g Butter
2 Eier
1 Pck. Vanillinzucker
2 TL Backpulver
2 EL Milch
etwas Rum für den Boden

Zutaten für den Belag:

4-5 Bananen
Saft einer Zitrone
1 Pck. weißer Tortenguss
3 Becher Sahne
2 Pck. Sahnesteif
2 EL Kakaopulver

Zutaten für die Deko:

12 Geleebananen

Aus den Zutaten für den Teig einen Rührteig herstellen und in einer Spring- oder Obstkuchenform bei 175° ca. 20 bis 30 Minuten backen. Nach dem Erkalten den Boden mit Rum beträufeln. Die Bananen längs halbieren und mit Zitronensaft beträufeln. Den Boden damit belegen. Den Tortenguss nach Vorschrift zubereiten und über die Bananen geben. Die Sahne, Sahnesteif und Kakao steif schlagen und kuppelartig über die Bananen streichen. Mit Geleebananen dekorieren.

Schokoherz-Torte

Zutaten für den Biskuitteig:

3 Eier
3 EL heißes Wasser
150 g Zucker
1 Pck. Vanillinzucker
100 g Mehl
30 g Speisestärke
1 Msp. Backpulver

Zutaten für die Füllung und den Belag:

4 Tafeln Vollmilchschokolade
4 Becher Sahne
1 Glas Preiselbeeren
12 Stck. Herzpralinen, z. B. von Milka: Lila Herzen

Für den Belag am Abend zuvor die Schokolade mit der Sahne aufkochen und über Nacht zugedeckt im Kühlschrank lassen. Am nächsten Tag daraus eine Creme schlagen.

Für den Biskuitteig Eier und heißes Wasser mit dem Mixer auf höchster Stufe schaumig rühren. Zucker und Vanillinzucker einstreuen und weiter rühren. Mehl, Speisestärke und Backpulver miteinander vermischen und nach und nach unter die Eiermasse rühren. Eine Springform einfetten, am Boden mit Backpapier auslegen, den Teig einfüllen und bei 180° im vorgeheizten Backofen ca. 30 Minuten abbacken.

Dann den Boden aus der Form

lösen, auf ein Kuchengitter stürzen, das Backpapier entfernen und den Boden abkühlen lassen. Anschließend einmal quer teilen.

Den unteren Boden ganz dünn mit der Schokocreme bestreichen und mit den vorher gut abgetropften Preiselbeeren belegen. Dann den oberen Boden auflegen. Anschließend die Schokocreme auf der Torte verteilen, glatt streichen und mit den Herzpralinen verzieren.

Kalter-Kaffee-Torte

Zutaten für den Biskuitteig:

3 Eier
3 EL heißes Wasser
150 g Zucker
1 Pck. Vanillinzucker
100 g Mehl
30 g Speisestärke
1 Msp. Backpulver

Zutaten für den Belag:

Marmelade nach Geschmack
600 g Schlagsahne
3 Pck. Vanillinzucker
1 Beutel schnell löslicher Eiskaffee
1 Pck. Gelatine, kalt löslich
einige Schokokaffeebohnen für die Deko

Für den Teig Eier und heißes Wasser mit dem elektrischen Handrührgerät auf höchster Stufe schaumig rühren. Zucker und Vanillinzucker einstreuen und weiter rühren. Mehl, Speisestärke und Backpulver miteinander vermischen und nach und nach unter die Eiermasse rühren. Eine Springform einfetten, den Boden mit Backpapier auslegen, den Teig einfüllen und bei 180° im vorgeheizten Backofen ca. 30 Minuten abbacken.

Dann den Boden aus der Form lösen, auf ein Kuchengitter stürzen, das Backpapier entfernen und den Boden abkühlen lassen.

Um den Tortenboden einen Tortenring legen. Tortenboden mit Marmelade bestreichen. Anschließend die Sahne mit dem Vanillinzucker steif schlagen. Dann Eiskaffeepulver in die Sahnemasse einrieseln lassen. Zum Schluss die Gelatine vorsichtig unter die Masse rühren. Die Masse gleichmäßig auf den Tortenboden geben und mit Schokokaffeebohnen garnieren. Die Torte mindestens drei Stunden im Kühlschrank kalt stellen.

Schogettentorte

Zutaten für den Biskuitteig:

2 Eier
1 Prise Salz
40 g Zucker
30 g zerlassene Butter
60 g Mehl

Zutaten für den Belag:

1 Tafel Vollmilch-Schogetten
1 Tafel Zartbitter-Schogetten
1 Glas Preiselbeeren
5 EL Preiselbeersaft
30 g Zucker
2 EL Zitronensaft
1 Pck. Gelin (flüssiges Geliermittel)
750 ml Sahne

Für den Biskuitteig Eier trennen. Mit dem elektrischen Handrührgerät Eigelb mit Salz und dem Zukker sehr schaumig schlagen. Das Eiweiß steif schlagen und auf die Eigelb-Creme setzen. Mehl darüber sieben, alles vorsichtig vermischen. Zum Schluss die zerlassene Butter unterrühren. Teig in eine gefettete Tortenbodenform füllen und im vorgeheizten Ofen bei 200° ca. 15 Minuten goldgelb abbacken. Den Boden aus der Form lösen, auf ein Kuchengitter stürzen, erkalten lassen und einmal quer durchschneiden.

Schokolade schmelzen und abkühlen lassen. Preiselbeeren abtropfen lassen, mit 5 EL Saft,

Zucker, Zitronensaft und 1/2 Pck. Gelin verrühren und auf den unteren Boden streichen. Sahne steif schlagen, restliches Gelin unterrühren. Zuerst 2 EL Sahne mit aufgelöster Schokolade verrühren, dann nach und nach unter die Sahnemasse rühren. Die Hälfte der Schokosahne auf die Preiselbeermasse streichen, oberen Boden auflegen. Torte mit restl. Schokosahne bestreichen und nach Belieben verzieren.

Buttercreme-Konfekt-Torte

Zutaten für den Biskuitteig:

3 Eier
3 EL heißes Wasser
150 g Zucker
1 Pck. Vanillinzucker
100 g Mehl
30 g Speisestärke
1 Msp. Backpulver

Zutaten für den Belag:

3 Bananen
½ l Milch
1 Pck. Vanillepuddingpulver
100 g Zucker
300 g Butter
2 Eier
2 Tafeln Vollmilchschokolade
1 Würfel Kokosfett
1 Packung Toffifees

Für den Teig Eier und heißes Wasser mit dem Mixer auf höchster Stufe schaumig rühren. Zucker und Vanillinzucker einstreuen und weiter rühren. Mehl, Speisestärke und Backpulver miteinander vermischen und nach und nach unter die Eiermasse rühren. Eine Springform einfetten, den Boden mit Backpapier auslegen, den Teig einfüllen und bei 180° im vorgeheizten Backofen ca. 30 Minuten abbacken.

Dann den Boden aus der Form lösen, auf ein Kuchengitter stürzen, das Backpapier entfernen, den Boden abkühlen lassen und einmal quer teilen.

Die Bananen schälen, in Scheiben schneiden und auf dem ersten

Boden verteilen. Vanillepudding aus Puddingpulver, 1/2 l Milch und 100 g Zucker nach Packungsanweisung herstellen und unter Rühren erkalten lassen. 150 g weich gehaltene Butter cremig rühren und den kalten Pudding esslöffelweise unterrühren. Die Creme auf die Bananen streichen. Etwas Creme für die Verzierung zurückbehalten und den zweiten Boden auflegen.

Für die zweite Creme Eier trennen und das Eigelb mit 150 g Butter verrühren. Schokolade und Palmin schmelzen, etwas abkühlen lassen und dann unter die Buttercrememasse rühren. Eiweiß steif schlagen und unter die Schokomasse heben. Den zweiten Boden mit der Schokobuttercreme bestreichen. Zum Schluss die helle Buttercreme in eine Spritztüte füllen und kleine Rosetten auf die Torte spritzen. In jede Rosette ein Toffifee drücken.

Mooskuchen

Zutaten für den Teig:

250 g Butter
250 g Zucker
1 Prise Salz
5 Eigelb
300 g Mehl
50 g Kakao
1 TL Natron
1 Msp. Backpulver
¼ l saure Sahne

Zutaten für den Guss:

200 g Kokosfett
5 Eiweiß
6 EL Puderzucker
3 EL Kaffeepulver

Butter, Zucker, Salz und Eigelb schaumig schlagen. Mehl mit Kakao, Natron und Backpulver vermischen und unter die Butter-Eier-Creme rühren. Zum Schluss die saure Sahne unterrühren. Ein Backblech fetten, Teig draufgeben und bei 150-175° ca. 45 Minuten backen. Anschließend den Kuchen vollständig erkalten lassen.

In einem Topf mit wenig Hitze Kokosfett flüssig werden lassen. Abkühlen lassen. Eiweiß mit dem elektrischen Handrührgerät auf höchster Stufe steif schlagen. Puderzucker unterrühren und nach und nach das flüssige, abgekühlte Kokosfett portionsweise unterheben. Die Glasur über den Kuchen streichen und mit einem Sieb mit Kaffeepulver bestäuben.

Nach ein paar Stunden färbt sich der Mooskuchen grün.

Eierlikörkuchen

5 Eier
2 Pck. Vanillinzucker
250 g Puderzucker
$^{1}/_{4}$ l Öl
$^{1}/_{4}$ l Eierlikör, z. B. von Rückforth
250 g Mehl
1 Pck. Backpulver

Eier trennen, Eigelb und Vanillinzucker schaumig schlagen. Puderzucker, Öl und Eierlikör unterheben und mit dem mit Backpulver vermischten Mehl verrühren. Eiweiß mit dem Mixer auf höchster Stufe steif schlagen und unter den Teig heben.

In eine gefettete Kastenform füllen und bei 175° ca. 60 bis 70 Minuten backen.

Geht ganz schnell und schmeckt absolut lecker!

Raumschiff-Enterprise-Kuchen

Zutaten für die Kuppel:

1 Beutel Waldmeister Götterspeise
1/4 l Wasser
200 ml Apfelsaft
3 EL Zucker

Zutaten für den Teig:

125 g Mehl
3 TL Backpulver
25 g Speisestärke
125 g Butter
125 g Zucker
1 Pck. Vanillinzucker
geriebene Zitronenschale von einer Zitrone
3 Eier
2 EL Zitronensaft

Zutaten für den Belag:

100 g weiße Schokolade
250 g Puderzucker
ca. 3 EL Wasser
grüne Apfelringe
silberne Zuckerperlen
grüne Gummibärchen

Für die Kuppel am Abend zuvor die Götterspeise in einen Topf geben, Wasser und Apfelsaft auffüllen, alles durchrühren und ca. 8 Minuten quellen lassen. Dann den Zucker einrieseln lassen und alles unter ständigem Rühren erhitzen, bis sich alle Zutaten völlig aufgelöst haben. Eine Schüssel mit kaltem Wasser ausspülen, die Götterspeise einfüllen und über Nacht in den Kühlschrank stellen.

Für den Teig Mehl, Backpulver und Stärke in eine Schüssel geben und vermischen. Die übrigen Zutaten hinzufügen und verrühren. Den geschmeidigen Teig in eine gefettete Springform füllen und bei 175° ca. 45 Minuten backen.

Dann aus der Form lösen und auf einem Kuchengitter erkalten lassen.

Die Schokolade im Wasserbad auflösen, auf Backpapier zu einer dünnen Platte von ca. 16 cm Durchmesser verstreichen und erstarren lassen. Puderzucker und Wasser zu einem dickflüssigen Guss verrühren, den Kuchen damit überziehen und fest werden lassen.

Die Schokoladenplatte vorsichtig vom Backpapier lösen und in die Mitte des Kuchens legen. Die Schüssel mit der Götterspeise kurz in warmes Wasserbad stellen und dann die Kuppel vorsichtig auf die Schokoladenplatte stürzen. Das Raumschiff an den Seiten mit den grünen Apfelringen dekorieren. Zum Schluss noch einige Zuckerperlen und Gummibärchen auf der Götterspeise verteilen.

Murmel-Torte

Zutaten für den Teig:

6 Eier
200 g Zucker
125 g Mehl
1 Pck. Backpulver
125 g gemahlene Haselnüsse

Zutaten für den Belag:

3 Becher Schlagsahne
2 Pck. Sahnesteif
2 Pck. Vanillinzucker
24 Kugeln Giotto
16 Haselnüsse zum Verzieren

Eier trennen, Eiweiß mit dem elektrischen Handrührgerät auf höchster Stufe steif schlagen, Zucker einrieseln lassen, kühl stellen. Mehl mit dem Backpulver vermischen und mit Eigelb verrühren. Gemahlene Haselnüsse zufügen und alles gut durchrühren. Dann den Eischnee unterheben. Eine Springform einfetten, den Teig einfüllen und im vorgeheizten Backofen bei 180° ca. 45 Minuten backen. Den Boden auf ein Kuchengitter stürzen und auskühlen lassen.

3 Becher Sahne mit Vanillinzucker und Sahnesteif steif schlagen. Giottokugeln pürieren und unter die Sahne heben. Giottosahne auf den Boden streichen und mit Nüssen verzieren. Zwei Stunden im Kühlschrank kalt stellen.

Vitamin-schocktorte

Zutaten für den Teig:

6 Eier
200 g Zucker
1 Pck. Vanillinzucker
200 g Mehl

Zutaten für den Belag:

1 Pck. Vanillepuddingpulver
½ l Multivitaminsaft
5 Bananen
2 Becher Schlagsahne
2 *Pck. Sahnesteif*
2 Pck. Vanillinzucker

Zutaten für die Deko:

Schokostreusel

Eier schaumig schlagen, Zucker und Vanillinzucker einrieseln lassen und Mehl unterrühren. Im vorgeheizten Backofen bei 180° ca. 40 Minuten backen und auf einem Kuchengitter auskühlen lassen.

Puddingpulver nach Packungsanweisung, aber statt mit Milch mit Multivitaminsaft aufkochen und etwas abkühlen lassen. Bananen quer schneiden und auf den abgekühlten Boden legen. Nun einen Tortenring um den Boden legen und den Pudding auf die Bananen streichen. Völlig abkühlen lassen. Zum Schluss die Sahne mit Vanillinzucker und Sahnesteif steif schlagen, kuppelartig auf dem Kuchen verteilen und Schokostreusel darüber streuen.

Damenkränzchen-Torte

Zutaten für den Biskuitboden:

5 Eier
150 g Zucker
200 g Mehl
50 g flüssige Butter
einige Tropfen Kirschlikör

Zutaten für den Belag:

1 Glas Sauerkirschen
0,35 l Wein
4 Becher Sahne
8 Blatt weiße Gelatine
Zucker

Backofen auf ca. 180° vorheizen. Springform einfetten. Die Eier mit dem Zucker schaumig schlagen. Das Mehl einrieseln lassen und die flüssige Butter vorsichtig unterheben. Teig in eine Springform füllen und den Boden ca. 25 Minuten bei 180° abbacken. Noch warm mit Kirschlikör beträufeln und kalt werden lassen. Den Boden auf eine Tortenplatte legen und mit einem Tortenring versehen.

Kirschen über einem Sieb abtropfen lassen und ca. zwei Stunden im Wein ziehen lassen. Sahne steif schlagen, Gelatine einweichen, ausdrücken und im heißen Wasserbad auflösen, anschließend mit den in Wein getränkten und abgetropften Kirschen unter die Sahne ziehen. Nun die Kirschsahnecreme über den Tortenboden verteilen und glatt streichen. Einige Stunden im Kühlschrank fest werden lassen.

Gummi-bärchentorte

Zutaten für den Biskuitboden:

5 Eier
150 g Zucker
200 g Mehl
50 g Butter

Zutaten für den Belag:

2 Becher süße Sahne
2 Becher saure Sahne
2 Pck. Vanillinzucker
2 Pck. Sahnesteif
1 Tüte Erdbeer-Kaltschale (Instant)

Zutaten für die Deko:

1 Tüte Gummibärchen

Backofen auf ca. 180° vorheizen. Springform einfetten. Mit dem elektrischen Handrührgerät die Eier mit dem Zucker schaumig schlagen. Das Mehl einrieseln lassen und die flüssige Butter vorsichtig unterheben. Teig in die Form füllen und den Boden ca. 25 Minuten bei 180° abbacken. Vorsichtig den Rand des Bodens von der Springform lösen, Boden auf ein Kuchengitter stürzen und erkalten lassen. Den Tortenboden auf eine Tortenplatte legen und einen Tortenring umlegen.

Süße und saure Sahne, Vanillinzucker und Sahnesteif in eine Rührschüssel geben und alles ca. 2 bis 3 Minuten aufschlagen.

Nun die Erdbeer-Kaltschale so lange unter die Sahnemasse rühren, bis sie fest geworden ist. Zum Schluss alles auf den Tortenboden streichen und ringsherum mit Gummibärchen dekorieren.

Herrengedeck-Kuchen

Zutaten für den Teig:

5 Eier
175 g Zucker
1 Pck. Vanillinzucker
abgeriebene Zitronenschale von einer Zitrone
150 ml Öl
150 ml Bitter Lemon
2 cl Wodka
1 Pck. Backpulver
350 g Mehl

Zutaten für den Guss:

200 g Puderzucker
1 EL Wodka
1 EL Bitter Lemon

Eier, Zucker und Vanillinzucker mit dem elektrischen Handrührgerät auf höchster Stufe schaumig rühren. Dann die geriebene Zitronenschale, Öl, Bitter Lemon und Wodka hinzufügen und alles nochmals ca. 2 Minuten mit dem Mixer auf mittlerer Stufe verrühren. Backpulver mit dem Mehl vermischen und nach und nach unterrühren.

Ein Backblech einfetten, den Teig darauf verteilen und glatt streichen. Den Teig im vorgeheizten Backofen ca. 20 Minuten bei 180° abbacken, dann völlig abkühlen lassen.

Einen Guss aus Puderzucker, Wodka und Bitter Lemon anrühren, über den erkalteten Kuchen streichen und fest werden lassen.

Kinderkuchen

250 g Butter
6 Eier
250 g Zucker
200 g Nuskati, Nuss-Nougat-Creme von Nutoka, oder *Nutella*
1 Tasse Milch
375 g Mehl
½ Pck. Backpulver
1 Pck. Kuvertüre

Alle Zutaten bis auf die Kuvertüre zu einem Rührteig verarbeiten und in eine eingefettete Kastenform füllen.

Im vorgeheizten Backofen bei 175° ca. 50 bis 60 Minuten backen. Etwas erkalten lassen, danach auf ein Kuchengitter stürzen und nach dem völligen Erkalten mit der im heißen Wasserbad geschmolzenen Kuvertüre überziehen.

Napoleon-Torte

Zutaten für den Teig:

8 Eier
125 g Zucker
1 Pck. Vanillinzucker
100 g Mehl
2 TL Backpulver
125 g gem. Mandeln
125 g Kokosraspel

Zutaten für die Füllung:

2 Tafeln Zartbitter-Schokolade
½ l Sahne
⅛ l Espresso
4 EL Cognac

Zutaten für die Deko:

100 g Schokoglasur
Mokkabohnen

Eier trennen. Mit dem Handrührgerät auf höchster Stufe Eigelb, Vanillinzucker und Zucker schaumig rühren. Mehl mit Backpulver vermischen und langsam unter die Eimasse rühren. Dann die Mandeln und Kokosraspel mit dem steif geschlagenen Eiweiß unter den Teig heben. Diesen in eine gefettete Springform füllen und bei 175° ca. 40 Minuten backen.

Anschließend aus der Form lösen und auf einem Kuchengitter abkühlen lassen. In einem Topf die Sahne mit der zerkleinerten Schokolade schmelzen und unter gelegentlichem Rühren abkühlen lassen. Die Schokosahne mit dem Schaumschläger schaumig schlagen. Den Kuchen waagerecht durchschneiden. Die Böden mit kaltem

Espresso und Cognac beträufeln. Den unteren Boden mit Schokosahne bestreichen. Den zweiten Boden auflegen, mit der im heißen Wasserbad geschmolzenen Schokoglasur überziehen und mit Mokkabohnen garnieren.

Wackelpudding-Torte

Zutaten für den Teig:

2 Eier
2 EL heißes Wasser
100 g Zucker
1 Pck. Vanillinzucker
100 g Weizenmehl
50 g Speisestärke
1 TL Backpulver

Zutaten für den Belag:

1 Pck. Waldmeister Götterspeise
2 Kiwi
einige Weintrauben
2 Bananen

Für den Teig Eier und Wasser kräftig schaumig schlagen. Zucker und Vanillinzucker zufügen und mit dem elektrischen Rührgerät ca. 2 bis 3 Minuten alles weiter schlagen, bis wir eine schaumige Masse haben. Mehl, Speisestärke und Backpulver vermischen, der Eiercreme hinzufügen und alles nochmals mit dem elektrischen Handrührgerät auf niedrigster Stufe verrühren. Den Teig in eine gefettete und am Boden mit Backpapier ausgelegte Springform füllen und auf mittlerer Schiene bei 180° (vorgeheizt) ca. 25 Minuten abbacken.

Dann den Tortenboden aus der Backform lösen, auf ein Kuchengitter stürzen, Backpapier abziehen und abkühlen lassen.

Götterspeise nach Packungsanweisung zubereiten und kühl stellen, bis sie anfängt zu gelieren. Kiwi schälen, in Scheiben schneiden und mit den Weintrauben und den in Scheiben geschnittenen Bananen auf dem Tortenboden verteilen. Anschließend den noch nicht ganz steifen Wackelpudding über dem Obst verteilen und die Torte im Kühlschrank völlig fest werden lassen.

Bunter Spaghetti-Kranz

Zutaten für den Teig:

200 g Zucker
1 Pck. Vanillinzucker
3 Eier
225 g Mehl
1 Pck. Backpulver
125 g gemahlene Mandeln
56 150 g weiche Butter
125 g Joghurt
3 verschiedene Speisefarben, z. B. rot, grün, gelb

Zutaten für den Guss:

1½ EL Zitronensaft
125 g Puderzucker
etwas gelbe Speisefarbe

Zutaten für die Deko:

Kirsch- oder Erdbeergelee

Zucker, Vanillinzucker und Eier mit dem elektrischen Handrührgerät auf höchster Stufe schaumig rühren. Mehl und Backpulver mischen und unter die Eiermasse rühren. Anschließend die Mandeln, die sehr weiche Butter und den Joghurt hinzufügen und alles mit dem Handrührgerät auf mittlerer Stufe zu einem geschmeidigen Teig verarbeiten. Nun den Teig in vier Teile teilen und jeweils mit einer anderen Speisefarbe verrühren.

Springform mit Rohrboden einfetten und mit Semmelmehl bestäuben. Überschüssiges Semmelmehl ausschütten. Mit Hilfe eine großen Esslöffels nun den Teig abwechselnd einfüllen. Im Backofen bei 180° ca. 45 bis 50 Minuten backen. Kurz vor Ende der Backzeit die Stäbchenprobe machen. Anschließend kurz abkühlen lassen und dann den Kuchen auf ein Kuchengitter stürzen. Völlig erkalten lassen.

Aus Zitronensaft, Puderzucker und gelber Speisefarbe einen dicken, zähflüssigen Guss herstellen und als Fäden kreuz und quer über den Kuchen verteilen, dass es wie Spaghetti-Fäden aussieht. Zwischendurch mit dem Kirsch- oder Erdbeergelee kleine Tupfer auf den Spaghetti-Fäden anordnen.

Schokotraum-torte

Zutaten für den Teig:

175 g Zucker
1 Pck. Vanillinzucker
4 Eier
125 g Butter
4 EL Milch
275 g Mehl
1 TL Backpulver
1 Glas Schattenmorellen
5 EL Schokocreme, z. B. Nusskati oder *Nutella*

Zutaten für den Belag:

250 g Quark
3 EL Zucker
2 Pck. Vanillinzucker
2 Becher Sahne
2 Pck. Sahnesteif
1 Pck. roter Tortenguss

Zutaten für die Deko:

16 Schokowaffelblättchen

Für den Teig Zucker, Vanillinzucker und Eier mit dem Handrührgerät auf höchster Stufe schaumig rühren. Dann die weich gehaltene Butter und die Milch unterrühren. Mehl mit Backpulver vermischen und nach und nach unter den Teig mengen. Zwei Drittel des Teiges in eine gefettete Springform füllen. Kirschen über einem Sieb abtropfen lassen, dann die Kirschen auf den Teig auflegen. Schokocreme unter den restlichen Teig mischen und über die Kirschen streichen. Bei 175° ca. 35 Minuten backen. Dann aus der Form lösen und auf einem Kuchengitter auskühlen lassen.

Quark mit Zucker und Vanillinzucker verrühren, die Sahne mit Sahnesteif steif schlagen und unter den Quark heben. Anschließend die Quark-Sahne-Masse auf den Boden geben. Den Tortenguss nach Packungsanweisung, jedoch mit dem Kirschsaft zubereiten, etwas abkühlen lassen und die Quark-Sahne-Masse anschließend damit überziehen. Mit Schokowaffelblättchen fächerartig am Tortenrand verzieren.

Affentorte

Zutaten für den Teig:

4 Eier (getrennt)
1 Prise Salz
80 g Zucker
120 g Mehl
60 g zerlassene Butter

Zutaten für den Belag:

5 Bananen
etwas Zitronensaft
ca. 16 Geleebananen

Zutaten für die Buttercreme:

1 Pck. Vanillepuddingpulver
150 g Zucker
¼ l Milch
250 g Butter

Zutaten für die Deko:

250 g Schokoladenkuvertüre
8 Geleebananen

Eier trennen. Mit dem elektrischen Handrührgerät Eigelb mit dem Salz und dem Zucker auf höchster Stufe sehr schaumig rühren. Eiweiß steif schlagen und auf die Eigelb-Creme setzen. Mehl übersieben und nun alles vorsichtig miteinander vermengen. Zum Schluss die zerlassene Butter unterrühren. Teig in eine gefettete Springform füllen und im vorgeheizten Ofen bei 200° ca. 15 Minuten backen. Den Kuchen aus der Form lösen und auf einem Kuchengitter abkühlen lassen. Den Boden auf eine Tortenplatte setzen und einen Tortenring umlegen. Bananen in Scheiben schneiden, mit Zitronensaft beträufeln und auf dem Boden verteilen. Dazwischen Geleebananen anordnen. Vanillepuddingpulver, Zucker und Milch aufkochen und abkühlen lassen. Butter mit dem restlichen Zucker schaumig schlagen und löffelweise unter die Puddingcreme rühren. Diese über die Bananen streichen und die Torte mindestens drei Stunden im Kühlschrank fest werden lassen. Kuvertüre im heißen Wasserbad schmelzen lassen und anschließend die Torte damit überziehen. Bevor die Kuvertüre fest geworden ist, mit den Geleebananen den äußeren Tortenrand verzieren.

Hügliger Knabberkuchen mit Erdnüssen

Zutaten für den Rührteig:

150 g weiche Butter
150 g Zucker
1 Pck. Vanillinzucker
abgeriebene Schale einer unbehandelten Zitrone
1 Prise Salz
4 Eier
150 g Mehl
50 g Speisestärke
$\frac{1}{2}$ TL Backpulver
Margarine für die Form

Zutaten für den ersten Belag:

200 g weiche Butter
100 g Zucker
1 Pck. Vanillinzucker
250 g geröstete ungesalzene Erdnusskerne

Zutaten für den zweiten Belag:

$\frac{1}{8}$ l Milch
6 Peanuts-Bits oder 3 große *Snickers*
75 g Schokolade
100 g Zucker
1 Pck. gemahlene Gelatine
2 Becher Sahne

Butter mit dem Zucker, Vanillinzucker, der Zitronenschale und 1 Prise Salz schaumig schlagen. Die Eier zufügen und so lange weiterrühren, bis eine cremige Masse entstanden ist. Das Mehl mit der Speisestärke und dem Backpulver vermischen und gleichmäßig unterheben. Ein Kuchenblech einfetten und den Teig gleichmäßig darauf streichen. Für den ersten Belag Butter, Zucker und Vanillinzucker mit dem Handrührgerät auf höchster Stufe schaumig rühren. Erdnusskerne grob zerkleinern und unterrühren. Dann die Masse mit einem Teelöffel portionsweise auf dem Teig verteilen.

Im vorgeheizten Backofen bei 180° ca. 20 Minuten backen, anschließend vollständig auskühlen lassen.

Für den zweiten Belag die Milch erhitzen und die Peanuts-Bits darin auflösen. Schokolade zerkleinern und in der warmen Milch schmelzen lassen. Anschließend den Zucker unterrühren. Dann die gemahlene Gelatine einrühren, bis sie sich komplett aufgelöst hat. Völlig abkühlen lassen und wenn die Peanuts-Bits-Masse zu gelieren beginnt, die vorher steif geschlagene Sahne unterheben und mit einem Esslöffel hüglig auf dem Kuchen verteilen. Kalt stellen.

Kalte-Füße-Kuchen

Zutaten für den Teig:

250 g Butter
250 g Puderzucker
8 Eier
1 Pck. Vanillinzucker
750 g Mehl
1 Vanilleschote
3 Pck. Backpulver
3 EL Speisestärke
250 g Zartbitterschokolade
½ l Glühwein

Zutaten für die Glasur:

8 EL Glühwein
400 bis 500 g Puderzucker
50 g gehackte Nüsse

Die Butter mit dem Puderzucker und den Eiern schaumig schlagen. Vanillinzucker und das Mark der Vanilleschote, das mit dem Mehl vermischte Backpulver und die Speisestärke unterrühren. Schokolade fein raspeln und unterheben, anschließend den Glühwein dazugeben. Die Masse in eine gefettete Kastenform füllen und bei 180° ca. 45 bis 55 Minuten backen.

Den Glühwein und den Puderzucker verrühren und über den ausgekühlten Kuchen streichen, zum Schluss mit den gehackten Nüssen bestreuen.

Schwarz-Weiß-Torte

Zutaten für den Teig:

4 Eier
1 Prise Salz
80 g Zucker
120 g Mehl
60 g zerlassene Butter

Zutaten für die Füllung:

250 g Sahne
125 g Zartbitterschokolade
125 g weiße Schokolade
2 EL Schokostreusel
2 EL gemahlene Haselnüsse

Eier trennen. Mit dem Handrührgerät Eigelb mit dem Salz und dem Zucker sehr schaumig rühren. Eiweiß steif schlagen und auf die Eigelb-Creme setzen. Mehl übersieben und alles vorsichtig miteinander vermengen. Zum Schluss die zerlassene Butter unterrühren. Teig in eine gefettete Springform füllen und im vorgeheizten Ofen bei 200° ca. 15 Minuten backen. Dann vorsichtig die Form entfernen, Boden auf einem Kuchengitter abkühlen lassen und einmal quer durchschneiden.

125 g Sahne in einem Topf erwärmen und die weiße Schokolade darin auflösen. Die restliche Sahne separat erwärmen und darin die Zartbitterschokolade auflösen. Kühl stellen und anschließend wieder separat mit dem Mixer steif schlagen.

Die dunkle Schokoladensahne auf den ersten Boden streichen, den zweiten Boden aufsetzen und die helle Schokosahne aufstreichen. Zum Schluss mit Schokostreuseln und gemahlenen Haselnüssen dekorieren.

Silvias Sonntagskuchen

Zutaten für den Teig:

7 Eier, getrennt
220 g Puderzucker
1 Pck. Vanillinzucker
7 EL heißes Wasser
150 g Mehl
½ TL Backpulver

Zutaten für die Creme:

1½ l Milch
8 EL Zucker
Eierlikör nach Geschmack
3 Pck. Vanillepudding
½ l Schlagsahne
8 Stück Blattgelatine

Sonstiges:

säuerliche Marmelade
zirka 120 Stück Löffelbiskuits (kommt auf die Größe des Backbleches an)
zum Eintunken Milch, starker Kaffee und Rum
Schokoblättchen oder Kuvertüre

Eigelb mit Puder- und Vanillinzucker schaumig schlagen, langsam heißes Wasser dazugießen. Mehl mit Backpulver vermischen und unter die Eiermasse rühren. Aus dem Eiweiß Schnee schlagen und unter den Teig heben. Ein tiefes

Braten- oder Kuchenblech einfetten und mit dem Teig bestreichen. Bei 190° ca. 15 bis 20 Minuten backen. Auskühlen lassen.

Mit der Milch und dem Zucker nach Packungsvorschrift einen Pudding kochen und auskühlen lassen. Nach dem Abkühlen in eine Rührschüssel geben und mit Eierlikör verrühren. Schlagsahne steif schlagen und unter den Pudding heben. Blattgelatine ca. 5 Minuten einweichen, ausdrücken und im heißen Wasserbad auflösen. Abkühlen lassen und nach und nach unter die Creme rühren.

Den Kuchenboden mit einer säuerlichen Marmelade bestreichen und eine Schicht Creme aufstreichen, dann mit Löffelbiskuits, die man immer vorher in Milch, Kaffee und Rum taucht, belegen. Wenn eine Schicht fertig ist, wieder Creme überstreichen und von vorne fortfahren, bis alle Creme und Löffelbiskuits aufgebraucht sind. Man schließt mit einer Lage Löffelbiskuit ab.

Das Ganze 24 Stunden kalt stellen und durchziehen lassen. Obenauf gibt man dann noch Schokoblättchen oder überzieht den Kuchen mit einer Schokoladenglasur (Kuvertüre).

Fruchtiger Milchreis-kuchen

Zutaten für den Teig:

¼ TL gem. Zimt
1 Prise gem. Nelken
1 Prise gem. Muskatnuss
300 g Mehl
1 Pck. Backpulver
250 g Quark
je 6 EL Milch und Öl
1 Ei
50 g Zucker

Zutaten für den Milchreis:

1 Zitrone (unbehandelt)
1 l Milch
50 g Zucker
1 Prise Salz
250 g Milchreis
3 Eiweiß

Zutaten für den Belag:

2 kg Pflaumen
200 g Mandelblättchen
150 g Zucker
150 g Butter
2 EL Schlagsahne

Gewürze mit Mehl und Backpulver mischen. Quark mit Milch, Öl und Zucker verrühren und anschließend mit der Mehlmischung verkneten. Teig auf einer bemehlten Arbeitsplatte ausrollen. Backofen auf ca. 180° vorheizen. Backblech mit Backpapier auslegen und mit der Teigplatte auslegen.

Zitrone waschen, den Saft auspressen. Milch mit Zucker, spiralig geschnittener Zitronenschale und Salz aufkochen. Reis hinzufügen und etwa 25 Minuten bei kleiner Hitze quellen und dann abkühlen lassen. Zitronenschale aus dem Reis entfernen. Eiweiß steif schlagen und unter den inzwischen völlig abgekühlten Reis heben.

Pflaumen waschen, entsteinen und halbieren. Mandelblättchen, Zucker, Butter und Sahne unter Rühren aufkochen und etwas abkühlen lassen.

Den Kuchenboden nun mit der Milchreisfüllung bestreichen, Pflaumen auflegen und mit der Mandelmasse überziehen.

Im vorgeheizten Backofen bei 180° ca. 40 bis 45 Minuten backen.

Bunte Schoko-linsentorte

Zutaten für den Teig:

125 g Zartbitter-Schokolade
7 Eier
175 g Zucker
1 Pck. Vanillinzucker
70 125 g gemahlene Haselnüsse
50 g Mehl
1 TL Backpulver

Zutaten für den Guss:

150 g Butter
100 g Puderzucker
2 Eigelb
125 g Zartbitter-Schokolade
1 Pck. bunte Schokolinsen, z. B. *Smarties*

Schokolade zerbröckeln und im heißen Wasserbad schmelzen. Eier mit dem elektrischen Handrührgerät 2 Minuten auf höchster Stufe schlagen. Dann auf mittlerer Stufe unter ständigem Rühren den mit Vanillinzucker gemischten Zucker langsam einstreuen. Die geschmolzene und leicht abgekühlte Schokolade, Haselnüsse und das mit Backpulver vermischte Mehl kurz auf niedrigster Stufe unterrühren. Den Teig in eine mit Backpapier ausgelegte Springform füllen, im vorgeheizten Ofen bei 170° ca. 45 Minuten backen und anschließend auf einem Kuchengitter auskühlen lasen. Für den Guss Butter mit Puderzucker schaumig rühren, 2

Eigelb unterschlagen. Zuletzt die im heißen Wasserbad geschmolzene und nicht mehr zu warme Schokolade unterrühren und den Kuchen damit bestreichen. Kurz vor dem Erstarren des Gusses die bunten Schokolinsen über den gesamten Kuchen verteilen.

Schneewittchenkuchen

Zutaten für den Teig:

4 Eier
250 g Zucker
250 g Mehl
½ Pck. Backpulver
etwas Fett zum Einfetten des Blechs
2 Gläser entsteinte Sauerkirschen

Zutaten für die Creme:

¾ l Milch
2 Pck. Vanillepuddingpulver
4 EL Zucker
250 g Butter

Zutaten für den Guss:

3 Eier
3 EL Kakao
5 EL Puderzucker
1 TL löslicher Kaffee
1 EL Weinbrand
150 g Kokosfett

Mit dem Handrührgerät Eier mit Zucker auf höchster Stufe schaumig schlagen. Mehl mit Backpulver vermischen und unter die Eiermasse rühren. Dann den Teig auf ein eingefettetes Backblech streichen und mit den über einem Sieb abgetropften Kirschen belegen. Im Backofen bei 200° ca. 35 bis 40

Minuten abbacken und anschließend völlig erkalten lassen.

In der Zwischenzeit aus Milch, Puddingpulver und Zucker nach Packungsanweisung einen Pudding kochen und abkühlen lassen. Die weich gehaltene Butter schaumig schlagen und den Pudding damit zu einer Buttercreme anrühren.

Nun die Buttercreme auf den inzwischen völlig abgekühlten Kuchen streichen.

Für den Guss Eier, Kakao, Puderzucker, Kaffee und Weinbrand zu einem glatten Brei verrühren, bis alle Klümpchen verschwunden sind. Kokosfett in einem Tiegel schmelzen und ganz langsam nach und nach unter die Schokoladenmasse rühren.

Den Kuchen mit dem Guss überziehen und für drei Stunden kalt stellen.

Paulchens Geburtstagstorte

Für die Füllung und den Belag:

2 Becher Sahne
250 g Kinderüberraschungs-
74 schokolade

Zutaten für den Teig:

75 g Löffelbiskuits
75 g Zartbitterschokolade
5 Eier
100 g Zucker
75 g Mehl
75 g Speisestärke
3 TL Kakao
1 Msp. Backpulver

Zutaten für die Deko:

16 Negerküsse

Sahne in einem Topf erwärmen, Schokolade zerbröckeln und in der Sahne schmelzen. Über Nacht in den Kühlschrank stellen.

Die Löffelbiskuits zerbröseln und Schokolade fein raspeln. Eier trennen, Eiweiß mit dem Zucker steif schlagen und dann das Eigelb unterziehen. Mehl, Stärke, Kakao und Backpulver mischen und langsam nach und nach unterrühren.

Zuletzt die geraspelte Schokolade und Biskuit-Brösel zufügen. Eine Springform einfetten, den Teig einfüllen und bei 170° ca. 25 bis 30 Minuten backen. Den Kuchen auf einem Kuchengitter auskühlen lassen, dann den Boden einmal quer durchschneiden, einen Tortenring umlegen und mit zwei Drittel der Creme füllen. Den Tortendeckel auflegen und darauf den Rest der Creme glatt streichen. Im Kühlschrank etwas fest werden lassen, dann 16 Mini-Negerküsse als Deko anordnen. Nochmals mindestens zwei Stunden im Kühlschrank die Sahne fest werden lassen.

Löwenkuchen

Zutaten für den Teig:

6 Eigelb
225 g Zucker
200 g gem. Haselnüsse
125 g Schokoraspel
2 EL Mehl
6 Eiweiß

Zutaten für den Belag:

3 Becher Sahne
2 *Pck. Sahnesteif*
3 Pck. Vanillinzucker
12 Riegel, z.B. Crispy Bits oder *Lion*

Eigelb und Zucker mit dem Handrührgerät auf höchster Stufe schaumig rühren. Nach und nach die gemahlenen Haselnüsse, Schokoraspel und das Mehl unterrühren. Zum Schluss das steif geschlagene Eiweiß unter den Teig heben. Eine Springform mit Backpapier auslegen, den Teig einfüllen und bei 180° ca. 30 Minuten backen. Danach auf einem Kuchengitter völlig abkühlen lassen und zusätzlich für eine Stunde in den Kühlschrank stellen. Sahne mit Sahnesteif und Vanillinzucker steif schlagen. Die Crispy Bits oder Lionriegel mit einer Gabel sehr fein zerdrücken und vorsichtig unter die Sahne heben. Anschließend auf den ausgekühlten Boden geben.

Irischer Kastenkuchen

200 g Butter
2 Pck. Vanillinzucker
225 g Zucker
5 Eier
275 g Mehl
½ Pck. Backpulver
½ Tasse Schokostreusel
¼ l Milch
150 ml Sahnelikör mit Scotch Whisky oder *Baileys*

Butter, Vanillinzucker und Zucker schaumig rühren. Eier hinzufügen. Mehl mit dem Backpulver vermischen und unter die Butter-Eiermasse rühren. Schokostreusel und Milch dazugeben. Alles mindestens drei Minuten mit dem Handrührgerät zu einem geschmeidigen Teig verarbeiten. Zum Schluss den Sahnelikör mit Whisky unterrühren. Eine Kastenform einfetten, den Teig einfüllen und bei 175° ca. 40 Minuten backen.

Sommernachts-traum

Zutaten für den Teig:

4 Eier
1 Prise Salz
80 g Zucker
120 g Mehl
60 g zerlassene Butter

Zutaten für den Belag:

500 g Erdbeeren
32 Erdbeer-Joghurt-Riegel oder *Yogurette-Riegel*
4 Blatt weiße Gelatine
750 g Schmand
25 g Zucker
200 g Schlagsahne
1 Pck. Vanillinzucker

Zutaten für die Deko:

gemahlene Pistazienkerne

Eier trennen. Mit dem Handrührgerät Eigelb mit dem Salz und dem Zucker sehr schaumig rühren. Eiweiß steif schlagen und auf die Eigelb-Creme setzen. Mehl übersieben und nun alles vorsichtig untereinander vermengen. Zum Schluss die zerlassene Butter unterrühren. Teig in eine gefettete Springform füllen und im vorgeheizten Ofen bei 200° ca. 15 Minuten backen. Anschließend auf einem Kuchengitter auskühlen lassen.

Inzwischen die Erdbeeren putzen und in kleine Stücke schneiden. Schokoriegel in kleine Scheiben schneiden. Gelatine in kaltem Wasser einweichen. Schmand und Zucker mit dem Mixer verrühren. Gelatine ausdrücken und unter den Schmand rühren. Sahne mit Vanillinzucker steif schlagen. Dann in der Reihenfolge Sahne, Erdbeeren und Schokoriegel-Scheiben unter die Schmandmasse heben. Den Tortenboden auf eine Tortenplatte legen und einen Tortenring umlegen. Die Erdbeer-Schmand-Füllung auf den Kuchen geben und im Kühlschrank einige Stunden fest werden lassen. Zum Schluss einige gemahlene Pistazienkerne über die Torte streuen.

Kartoffelkuchen

Zutaten für den Teig:

125 g Marzipankartoffeln
250 g weiche Butter
5 Eier
250 g Zucker
400 g Mehl
2 TL Backpulver
ca. 100 ml Milch
150 g Zartbitterschokolade

Zutaten für den Guss und die Deko:

200 g Halbbitter-Kuvertüre
8 Marzipankartoffeln

Marzipankartoffeln in kleine Scheiben schneiden. Mit dem Handrührgerät die Marzipankartoffelscheiben mit der weichen Butter schaumig rühren. Anschließend Eier und Zucker hinzufügen und weiter rühren. Mehl mit dem Backpulver vermischen und unterrühren. Milch tropfenweise zugießen, bis der Teig schwer reißend vom Holzlöffel fällt. Zartbitterschokolade grob raspeln und unter den Teig heben.

Eine Napfkuchenform einfetten, den Teig einfüllen und im vorgeheizten Backofen bei 175° ca. 60 bis 70 Minuten backen. Kuchen auf ein Kuchengitter stürzen und erkalten lassen. Kuvertüre im heißen Wasserbad schmelzen lassen und den Kuchen anschließend damit bestreichen. Die Marzipankartoffeln halbieren und sofort mit der geschnittenen Seite nach unten in die noch nicht feste Kuvertüre drücken.

Südseetraum-Torte

Zutaten für den Boden:

150 g Zucker
1 Pck. Vanillinzucker
4 Eier
150 g Butter
100 g Mehl
2 TL Backpulver
125 g gemahlene Mandeln

Zutaten für den Belag:

8 Blatt Gelatine
400 ml Bananenmilch
³/₄ l Sahne
1 Pck. Zitronenzucker
2 bis 3 Bananen
10-12 Geleebananen
75 g Raspelschokolade

Zutaten für die Deko:

einige geröstete Mandelblättchen

Zucker, Vanillinzucker, Eier und Butter mit dem elektrischen Handrührgerät schaumig schlagen. Mehl, Backpulver und Mandeln vermischen, unter ständigem Rühren der Eiercreme zufügen und zu einem geschmeidigen Teig verarbeiten. Den Teig in eine gefettete Springform füllen. Im vorgeheizten Backofen bei 180° ca. 25 bis 30 Minuten backen. Dann den Boden aus der Form lösen und auf einem Kuchengitter abkühlen lassen. Anschließend den Boden auf eine Tortenplatte setzen und einen Tortenring umlegen.

Gelatine einweichen. Ein wenig Bananenmilch in einem Topf erhitzen, die gut ausgedrückte Gelatine darin auflösen und in die restliche Bananenmilch einrühren.

Sahne steif schlagen, Zitronenzucker zugeben und unter die Bananenmilch heben, sobald diese beginnt zu gelieren.

Bananen schälen, in kleine Scheiben schneiden und in der Mitte des Tortenbodens verteilen, dabei einen äußeren Rand belassen. Den äußeren Rand mit Geleebananen auslegen. Ein Drittel der Bananencreme für die Deko zur Seite stellen. Die restliche Creme mit der Raspelschokolade vermischen und anschließend auf die Bananen streichen. Die Creme für die Deko in eine Spritztüte füllen und den Kuchen am äußeren Rand mit Tupfen verzieren. In die Mitte der Torte Mandelblättchen streuen. Anschließend die Torte mindestens zwei Stunden im Kühlschrank fest werden lassen.

Hasi-Torte

Zutaten für den Teig:

4 Eier
150 g Zucker
150 g Mehl
1 TL Backpulver
Prise Salz
300 g rohe, geriebene Karotten
geriebene Schale einer Zitrone
150 g gehackte Mandeln
Fett und Mehl für die Kuchenform

Zutaten für die Glasur:

125 g Puderzucker
3 EL Zitronensaft

Eier trennen. Mit dem elektrischen Handrührgerät Eigelb und Zucker schaumig rühren. Mehl und Backpulver mit einer Prise Salz vermischen und mit einem Holzlöffel zusammen mit den geriebenen Karotten unter die Eiermasse rühren. Zum Schluss die Zitronenschale und die Mandeln unterrühren. Dann vorsichtig das zu Schnee geschlagene Eiweiß unterheben. Die Teigmasse in eine gefettete und mit Mehl ausgestreute Springform füllen. Im vorgeheizten Backofen bei 200° etwa 30 Minuten backen. Die Torte aus dem Backofen nehmen und ein paar Minuten abkühlen lassen. Mit einem Küchenmesser den Rand lösen, behutsam auf ein Kuchengitter stürzen und völlig erkalten lassen. Eine Zitronenglasur aus Puderzucker und Zitronensaft anrühren und die Torte damit überziehen.

Jumbo-Napfkuchen

250 g Butter
1 Prise Salz
1 Pck. Vanillinzucker
175 g Zucker
500 g Mehl
6 Eier
1 Pck. Backpulver
100 g gehackte Haselnüsse
$^1/_8$ l Milch
ein paar Tropfen Bittermandelöl
2 Pck. Schoko Milch Jumbos oder *Happy Hippo Snack* (à 125 g)
Fett und Paniermehl für die Form
200 g Kuvertüre

Butter, Salz, Vanillinzucker und Zucker mit dem elektrischen Handrührgerät schaumig schlagen. 2 EL Mehl einrühren. Nach und nach die Eier unterrühren. Restliches Mehl mit dem Backpulver und den Nüssen vermischen und langsam nach und nach unterrühren. Zwischendurch immer etwas Milch und das Mandelaroma hinzufügen. Die Schoko Milch Jumbos (oder Happy Hippos) in vier Stücke schneiden und unter den Teig heben. Teig in eine gefettete und mit Paniermehl ausgestreute Napfkuchenform füllen und im vorgeheizten Backofen bei 175° ca. 50 bis 60 Minuten backen. Anschließend aus der Form auf ein Kuchengitter stürzen und völlig auskühlen lassen. Zum Schluss mit der im heißen Wasserbad geschmolzenen Kuvertüre bestreichen.

Butterkeks-kuchen mit Kirschen

Zutaten für den Teig:

5 Eier
1 Prise Salz
1 Pck. Vanillinzucker
86 150 g Zucker
125 g Mehl
1 TL Backpulver
1 Pck. Puddingpulver
Fett fürs Blech

Zutaten für den 1. Belag:

2 Gläser Schattenmorellen
2 Pck. Vanillepudding

Zutaten für den 2. Belag:

750 g Schlagsahne
3 Pck. Sahnesteif
3 Pck. Vanillinzucker
40 Stck. Butterkekse

Zutaten für den Guss:

350 g Puderzucker
6 bis 7 EL Zitronensaft

Eier trennen. Mit dem elektrischen Handrührgerät Eiweiß auf höchster Stufe steif schlagen, nach und nach Salz, Vanillinzucker und Zucker einrieseln lassen. Eigelb hinzufügen und unterrühren. Das Mehl mit dem Backpulver und einer Tüte Puddingpulver vermischen und unter die Eiercreme heben. Ein Backblech einfetten und den Teig darauf verteilen. Im vorgeheizten Backofen bei 180° ca. 15 bis 20 Minuten abbacken und anschließend völlig auskühlen lassen.

Die Kirschen über einem Sieb abtropfen lassen. Puddingpulver und 8 EL Saft verrühren. Den restlichen Saft in einem Topf aufkochen, das Puddingpulver einrühren, kurz aufkochen lassen und vom Herd nehmen. Nun die gut abgetropften Kirschen unter den Pudding heben und den Fruchtpudding auf den Boden streichen. Völlig abkühlen lassen.

Sahne mit Vanillinzucker und Sahnesteif steif schlagen. Mit einem Teigschaber auf den Belag streichen.

Die Butterkekse vom Kuchenblechrand aus dicht aneinander auf die Sahneschicht legen.

Puderzucker mit Zitronensaft glatt verrühren und anschließend die Kekse mit der Glasur überziehen. Alles fest werden lassen.

Apfel-Marzipan-Kuchen

250 g Butter
4 Eier
250 g Zucker
1 Pck. Vanillinzucker
2 TL Backpulver
250 g Mehl
1 geraspelter Apfel
1 EL Rum
100 g zerbröseltes Marzipan
Fett und Semmelbrösel für die Form
1 Pck. weiße Kuvertüre

Butter, Eier, Zucker und Vanillinzucker mit dem elektrischen Handrührgerät auf höchster Stufe schaumig rühren. Dann das mit dem Backpulver vermischte Mehl zufügen und zu einem geschmeidigen Teig verarbeiten.

Zum Schluss den geraspelten Apfel, Rum und das zerbröselte Marzipan unterheben. Eine Napfkuchenform einfetten und mit Semmelbröseln ausstreuen. Dann den fertigen Teig in die Form füllen. Den Kuchen im Backofen bei 170° ca. 50 bis 60 Minuten backen. Abkühlen lassen und auf eine Kuchenplatte stürzen. Nach dem völligen Erkalten den Kuchen mit der im heißen Wasserbad geschmolzenen weißen Kuvertüre überziehen.

Kirschpralinen-Gugelhupf

Zutaten für den Teig:

20 Stck. Herzkirschen oder *Mon Chéri*
2 kleine Dosen Mandarinen
150 g weiche Butter
250 g Zucker
1 Pck. Vanillinzucker
4 Eier
350 ml Buttermilch
1 Röhrchen Bittermandelöl
500 g Mehl
1½ Pck. Backpulver

Zutaten für die Glasur:

200 g Puderzucker
3 EL Zitronensaft
1 Eiweiß

Kirschpralinen auf einem Teller zerkleinern, Mandarinen über einem Sieb abtropfen lassen. Butter, Zucker und Vanillinzucker schaumig schlagen. Eier unterrühren, Buttermilch und Aroma zufügen, weiter umrühren. Mehl mit Backpulver vermischen und zugeben. Zerkleinerte Kirschpralinen mit den Mandarinen unter den Teig heben. Gugelhupfform einfetten und Teig einfüllen. Im vorgeheizten Backofen bei 180° ca. 60 bis 75 Minuten backen. Dann auf ein Kuchengitter stürzen und abkühlen lassen.

Aus Puderzucker, Zitronensaft und dem steif geschlagenen Eiweiß einen Guss anrühren und den fertig gebackenen und abgekühlten Kuchen damit überziehen.

Herrenkuchen mit Weinbrandpralinen

200 g Butter
200 g Zucker
2 Pck. Vanillinzucker
6 Eier, getrennt
2 EL Rum
90
200 g geriebene herbe Schokolade
200 g gemahlene Mandeln
100 g Mehl
etwas Zimt und Nelkenpulver
250 g dunkle Schokoladenglasur
16 Weinbrandpralinen

Butter, Zucker, Vanillinzucker schaumig rühren und Eigelb und Rum unterrühren. Die geriebene Schokolade, Mandeln, Mehl, Zimt- und Nelkenpulver mischen und mit den restlichen Zutaten verrühren. Eiweiß steif schlagen und locker unter die Teigmasse heben. Den Teig in eine gefettete Springform füllen, glatt streichen und im vorgeheizten Backofen bei 180° ca. 70 bis 80 Minuten backen. Ein paar Minuten abkühlen lassen, dann vorsichtig die Springform lösen und den Kuchen auf einem Kuchengitter völlig erkalten lassen. Anschließend den Kuchen auf eine Tortenplatte legen und mit der im heißen Wasserbad geschmolzenen Schokoladenglasur überziehen. Kurz erstarren lassen und dann 16 Weinbrandpralinen (pro Kuchenstück eine) in die Glasur drücken. Im Kühlschrank fest werden lassen.

Cornflakes-Frühstücks-kuchen

Zutaten für den Teig:

250 g Zucker
5 Eier
250 g Butter
1 Pck. Backpulver
250 g Mehl
250 g zerstoßene Cornflakes
Fett und Semmelbrösel für die Form

Zutaten für die Glasur:

5 EL Eiweiß
125 g Puderzucker
einige gehackte Nüsse

Zucker, Eier und Butter mit dem Handrührgerät auf höchster Stufe schaumig schlagen. Nach und nach das mit dem Backpulver vermischte Mehl unterrühren. Zum Schluss die zerstoßenen Cornflakes zugeben und alles nochmals verrühren. Eine Kastenform einfetten, mit Semmelbröseln ausstreuen und den Teig einfüllen. Im vorgeheizten Backofen bei 180° ca. 60 Minuten backen. Kurz abkühlen lassen, dann den Kuchen aus der Form nehmen und auf einem Kuchengitter völlig erkalten lassen.

Auf eine Tortenplatte stellen und aus Eiweiß und Puderzucker eine Glasur anrühren. Diese auf den Kuchen streichen und, bevor sie fest geworden ist, die gehackten Nüsse darüber verstreuen.

Wellenbrecher

Zutaten für den Rührteig:

250 g Butter
100 g Zucker
1 Pck. Vanillinzucker
2 Eier
250 g Mehl
2½ gestrichene TL Backpulver
92 2 Dosen Pfirsichspalten

Zutaten für den Belag:

8 Peanuts Bits oder *Snickers*
¼ l Milch
100 g Zucker
2 Pck. gemahlene Gelatine
4 Becher Schlagsahne

Mit dem Handrührgerät Butter, Zucker, Vanillinzucker und Eier auf höchster Stufe schaumig rühren. Mehl mit Backpulver vermischen und nach und nach unter den Teig rühren. Alles zu einem geschmeidigen Teig verarbeiten. Ein Backblech einfetten und mit dem Teig füllen. Alles glatt streichen. Dann die Pfirsichspalten über einem Sieb abtropfen lassen und den Teig damit belegen.

Im vorgeheizten Backofen bei 180° ca. 35 Minuten backen und vollständig auskühlen lassen.

Peanuts Bits oder Snickers in warmer Milch schmelzen, Zucker einrühren. Gemahlene Gelatine einrühren und so lange rühren, bis sie sich völlig gelöst hat. Schlagsahne mit dem elektrischen Handrührgerät steif schlagen und unter die Peanuts-Bits-Masse heben, wenn sie zu gelieren beginnt. Für ca. 30 Minuten in den Kühlschrank stellen. Dann die Sahne in einen Gefrierbeutel (ca. 1 l) füllen, eine Spitze abschneiden und den völlig erkalteten Kuchen wellenartig mit der Sahnecreme überziehen.

Hexenzauberkuchen

Zutaten für den Teig:

4 Eier
1 Pck. Vanillinzucker
200 g Butter
200 g Puderzucker
125 g Mehl
125 g Speisestärke
1 TL Backpulver
2 EL Kakao

Zutaten für den Belag:

375 ml Wasser
1 Pck. Vanillepuddingpulver
1 Pck. grüne Götterspeise
4 EL Zucker
100 g Kokosfett
100 g Butter
$^{1}/_{2}$ l Pfefferminzlikör
Puderzucker

Eier, Vanillinzucker, Butter und Puderzucker mit dem elektrischen Handrührgerät auf höchster Stufe schaumig rühren. Mehl mit Speisestärke und Backpulver vermischen und zusammen mit der Eiercreme zu einem geschmeidigen Teig verarbeiten. Den Teig teilen und unter die eine Hälfte den Kakao rühren. Ein Blech mit Backpapier belegen, erst den hellen, dann den dunklen Teig darauf verstreichen.

Im vorgeheizten Backofen bei 200° ca. 20 bis 25 Minuten backen. Nach dem Backen den Kuchen abkühlen lassen.

Für den Belag von 375 ml Wasser eine Tasse abnehmen und darin das Puddingpulver und die Götterspeise auflösen. Das restliche Wasser mit dem Zucker zum Kochen bringen, die angerührte Masse hineinrühren, kurz aufkochen lassen und dann vom Herd nehmen. Kokosfett und Butter unter die heiße Masse schlagen. Pfefferminzlikör zugeben und mit Puderzucker nach Geschmack süßen. Den Belag auf den Kuchen verstreichen und fest werden lassen.

Fruchtige Traumtorte

Zutaten für den Teig:

1 Glas Sauerkirschen
200 g Zucker
350 g Weizenmehl
150 ml Speiseöl
1 Pck. Vanillinzucker

1 Pck. Backpulver

Zutaten für die Füllung:

8 Erdbeer-Joghurt-Riegel oder
Yogurette-Riegel

Zutaten für den Belag:

je 1 Pck. Tortenguss klar und rot
250 ml Kirschsaft
2 EL Zucker
1 Becher Kirschjoghurt

Kirschen in einem Sieb abtropfen lassen und den Saft zur Seite stellen. Alle restlichen Zutaten für den Teig miteinander verrühren und auf ein gefettetes Blech streichen. Die gut abgetropften Kirschen auf dem Teig verteilen. Erdbeer-Joghurt-Riegel in vier Teile schneiden und zwischen den Kirschen verteilen. Im Backofen bei 200° ca. 25 bis 30 Minuten backen und anschließend völlig erkalten lassen.

Nach dem Backen den Kuchen abkühlen lassen. Für den Belag Tortenguss nach Packungsanweisung (aber mit 250 ml Kirschsaft) fertigen. Kurz etwas abkühlen lassen, dann den Joghurt und Zucker unterrühren, auf dem Kuchen verteilen und fest werden lassen.

Papageien-kuchen

Zutaten für den Teig:

5 Eier
250 g Zucker
250 g Butter
250 g Mehl
1 Pck. Backpulver
4 EL Schmand
1 Pck. Vanillesoßenpulver
1 EL Kakaopulver
1 Pck. Waldmeistergötterspeise (instant)
1 Pck. Kirschgötterspeise (instant)
etwas Fett für die Form

Zutaten für den Guss:

5 EL Eiweiß
150 g Puderzucker
einige Spritzer Zitronenaroma
bunte Zuckerstreusel

Mit dem elektrischen Handrührgerät Eier, Zucker und Butter schaumig schlagen. Mehl mit dem Backpulver vermischen und nach und nach unter die Eier-Buttercreme rühren. Zum Schluss den Schmand unterheben und alles nochmals verrühren. Dann den Teig in vier Portionen teilen. Unter den ersten Teil Soßenpulver, unter den zweiten Teil Kakao, unter den dritten Teil Waldmeistergötterspeise und unter den vierten Teil Kirschgötterspeise rühren. Die einzelnen Teile nacheinander in eine eingefettete Kastenform füllen. Im vorgeheizten Backofen bei 180° ca. 50 bis 60 Minuten backen. Dann aus der Form lösen und auf einem Kuchengitter abkühlen lassen. Aus Eiweiß, Puderzucker und Zitronenaroma einen Guss anrühren und den völlig erkalteten Kuchen damit bestreichen. Anschließend mit bunten Zuckerstreuseln bestreuen.

Sauer-macht-lustig-Torte

Zutaten für den Teig:

100 g Zucker
300 g Mehl
50 g gehackte Mandeln
1 Prise Salz
1 Ei
150 g Butter

Zutaten für den 1. Belag:

2 Zitronen
150 ml Wasser
100 g Zucker

Zutaten für den 2. Belag:

3 Eier
Saft von 2 Zitronen
$^1/_8$ l Wasser
125 g Zucker
1 Pck. gemahlene Gelatine
250 g Sahne
1 Pck. Vanillinzucker

Zutaten für die Deko:

1 Pck. Zitronenstäbchen

Zucker, Mehl, Mandeln und Salz in einer Schüssel mischen, Ei und Butter dazugeben und einen Mürbeteig kneten. 60 Minuten kalt stellen. Auf einer bemehlten Unterlage ausrollen. Eine Tortenbodenform einfetten und mit dem Teig auskleiden. Im vorgeheizten Backofen bei 180° ca. 40 Minuten backen und in der Form auskühlen lassen.

Inzwischen abgewaschene Zitronen in Scheiben schneiden. In einer Pfanne Wasser erhitzen und Zucker darin auflösen. Zitronenscheiben hineingeben und etwa 15 Minuten garen. Anschließend auf dem ausgekühlten Boden verteilen.

Die Eier trennen und das Eigelb mit dem Zitronensaft und mit Wasser auf ⅛ l auffüllen. Schaumig schlagen und dabei nach und nach den Zucker zugeben. Darin die Gelatine auflösen und in den Kühlschrank stellen. Sahne, Vanillinzucker und Eiweiß steif schlagen und vorsichtig miteinander vermischen. Wenn die Zitronen-Eigelb-Masse im Kühlschrank zu gelieren beginnt, dann unter die Eiweiß-Sahne-Mischung ziehen. Anschließend die Zitronencreme über die Zitronenscheiben füllen. Vorsichtig alles glatt streichen und im Kühlschrank einige Stunden fest werden lassen. Vor dem Servieren mit Zitronenstäbchen dekorieren.

Nutaritorte

Zutaten für den Teig:

2 Eier
80 g Zucker
80 g Mehl
1 Msp. Backpulver

100

Zutaten für den 1. Belag:

1 Glas Sauerkirschen
2 Pck. roter Tortenguss

Zutaten für den 2. Belag:

7 Hanuta
2 Becher Sahne
2 Pck. Sahnesteif
2 Pck. Vanillinzucker
100 g gehackte Mandeln

Eier trennen. Mit dem elektrischen Handrührgerät auf höchster Stufe Eigelb mit dem Zucker schaumig rühren. Mehl mit Backpulver vermischen und langsam unter die Eigelbmasse rühren. Eiweiß steif schlagen und unter den Teig heben. Den Teig in eine gefettete Springform füllen und bei 200° ca. 15 bis 20 Minuten backen.

Inzwischen die Kirschen über einem Sieb abgießen, dabei den Saft auffangen. Tortenguss mit dem Kirschsaft nach Packungsanweisung herstellen, leicht abkühlen lassen und die Kirschen unterrühren. Anschließend die Kirschmasse auf dem Boden verteilen.

Hanutas zerkleinern. (Geht am besten, indem man die Hanuta-Riegel in einen Gefrierbeutel packt, zubindet und dann ordentlich in der Hand zerdrückt oder mit einer Flasche überrollt.) Mit dem elektrischen Handrührgerät die Sahne mit Sahnesteif und Vanillinzucker steif schlagen, die Hanutabrösel unterheben und kuppelartig auf die Kirschen streichen. Mandeln in einer Pfanne rösten und auf die Sahne streuen.

Bis zum Servieren kalt stellen.

Popcorn-Torte

2 EL Öl
100 g Popcorn
Margarine zum Einfetten
200 g Zartbitterschokolade
8 Blatt weiße Gelatine
1 unbehandelte Zitrone
500 g Magerquark
150 g Joghurt
102 100 g Zucker
1 Pck. Vanillinzucker
250 g Schlagsahne
1 Pck. Schokokuvertüre

In einem kleinen Kochtopf das Öl erhitzen. Popcorn einfüllen, den Topf sofort schließen und den Deckel nicht mehr abheben. Die Hitze auf die niedrigste Stufe schalten. Wenn das Popcorn zu platzen beginnt, den Topf immer ein wenig hin und her rütteln, aber auf keinen Fall den Deckel abnehmen, sonst fliegen uns die Popcorn um die Ohren. Hört das Platzgeräusch auf, ist das Popcorn fertig. Vom Herd nehmen und abkühlen lassen.

Dann ein Viertel des Popcorns für die Garnierung beiseite stellen, den Rest grob hacken.

Die Schokolade in kleine Teile brechen, im heißen Wasserbad schmelzen lassen und anschließend mit dem Popcorn verrühren. Eine Springform einfetten, die Popcorn-

Schoko-Masse gleichmäßig darin verteilen und etwas festdrücken. Eine halbe Stunde im Kühlschrank kalt stellen. Die Blattgelatine in kaltem Wasser einweichen. Zwischendurch die Schale von der Zitrone abreiben, Saft auspressen und mit Quark, Joghurt, Zucker, Vanillinzucker und der geriebenen Zitronenschale glatt verrühren. Gelatine ausdrücken, bei schwacher Hitze auflösen und nach und nach unter die Quark-Zitronen-Masse rühren. Dann die Sahne mit dem elektrischen Handrührgerät auf höchster Stufe steif schlagen und unter die Zitronen-Quarkmasse heben. Den Zitronenquark auf den Schoko-Popcornboden in die Springform streichen. Die Torte im Kühlschrank 4-5 Stunden vollständig fest werden lassen, dann die Torte aus der Form nehmen und mit Popcorn dekorieren. Schokokuvertüre im heißen Wasserbad schmelzen lassen und die Torte streifenartig damit überziehen.

Schneetorte

Zutaten für den Boden:

6 Eiweiß
5 EL kaltes Wasser
160 g Zucker
200 g Kokosraspel
30 g Mehl
Aprikosenkonfitüre

Zutaten für die Füllung:

1 kleine Dose Aprikosen
3 Becher süße Sahne
3 Pck. Sahnesteif
12 Raffaelo-Kugeln

Zutaten für die Glasur:

1 Eiweiß
1 EL Zitronensaft
3 EL Puderzucker

Zutaten für die Deko:

8 Raffaelo-Kugeln
Kokosraspel

Mit dem elektrischen Handrührgerät Eiweiß mit kaltem Wasser und dem Zucker zu steifem Schnee schlagen. Dann die Kokosraspel und das Mehl zugeben, alles gut durchrühren. Eine Springform einfetten und mit Mehl ausstäuben. Dann den Teig einfüllen und bei 175° ca. 25 Minuten im vorgeheizten Ofen backen. Anschließend völlig auskühlen lassen und den Boden einmal quer durchschneiden. Aprikosenmarmelade kurz erwärmen und auf den erkalteten

Boden streichen. Abgetropfte Aprikosen darüber legen. Gut gekühlte Sahne mit Sahnesteif steif schlagen, die Raffaelos zerkleinern, unter die Sahne mischen und alles auf die Aprikosen streichen. Vorsichtig oberes Tortenteil aufsetzen. Eiweiß steif schlagen und mit Zitronensaft und Puderzucker zu einem Guss anrühren. Damit das Oberteil der Torte überziehen und mit halben Raffaelos verzieren. Zum Schluss mit Kokosraspeln überstreuen.

Lisas Kinderparty-Kuchen

Zutaten für den Boden:

200 g weiche Butter
250 g Butterkekse

Zutaten für den Belag:

1 Packung (250 g) Negerküsse
250 g Quark
300 g Erdbeeren
500 ml Schlagsahne
3 Pck. Sahnesteif

Zutaten für die Deko:

einige Schaum-Erdbeeren

Butterkekse fein zerbröselt in einen Gefrierbeutel geben, sehr weich gehaltene Butter hinzufügen und alles in der Hand zerkneten. Dann eine Springform einfetten und die Keksmasse als Boden verteilen und fest andrücken. Ca. eine halbe Stunde in den Kühlschrank stellen.

Von den Negerküssen die Böden ablösen und zur Seite legen. Die Schaummasse mit der Gabel quetschen und anschließend mit dem Quark verrühren. Erdbeeren waschen und würfeln. Mit dem elektrischen Handrührgerät auf höchster Stufe die Sahne mit Sahnesteif steif schlagen und anschließend mit den Erdbeerwürfeln unter den Quark heben. Die Quark-Sahne-Masse mit den Erdbeeren auf den Keksboden streichen und im Kühlschrank fest werden lassen. Zum Schluss mit den Waffelböden der Negerküsse und den Schaum-Erdbeeren garnieren.

Karibischer Rumkuchen

250 g weiche Butter/Margarine
250 g Zucker
1 Pck. Vanillinzucker
1 Prise Salz
2 EL Rum
5 Eier
225 g Mehl
100 g Speisestärke
2 TL Backpulver
Fett für die Form
100 g Kokosraspel
8 Schokoladen-Kokosriegel,
z. B. Coconut Bits oder *Bounty*
100 g dunkle Kuchenglasur

Mit dem elektrischen Handrührgerät Butter, Zucker, Vanillinzucker, Salz und Rum cremig rühren. Eier nach und nach unterrühren. Mehl, Stärke und Backpulver mischen und in kleinen Portionen unterrühren. Eine Kastenform fetten, mit der Hälfte der Kokosraspel ausstreuen, die Hälfte Teig hineinfüllen. Die Kokosriegel auflegen, den restlichen Teig einfüllen und alles glatt streichen. Im vorgeheizten Ofen bei 175° ca. 50 Minuten backen. Nach ca. 20 Minuten Backzeit den Kuchen in der Mitte der Länge nach ca. 2 cm tief einschneiden. Nach Beendigung der Backzeit den Kuchen sofort mit einem Messer vom Formrand lösen, auf ein Kuchengitter stürzen und auskühlen lassen. Kuchenglasur im heißen Wasserbad schmelzen. Kuchen damit überziehen und mit übrigen Kokosraspeln bestreuen.

Surprise-Cake

Zutaten für den Teig:

Schokolade von 12 Überraschungseiern
1 großer Apfel
1 EL Zitronensaft
250 g weiche Butter
175 g Zucker
1 Pck. Vanillinzucker
1 Prise Salz
5 Eier
500 g Mehl
1 Pck. Backpulver
150 ml Milch
Fett und Paniermehl für die Form
1½ EL Kakao

Zutaten für die Karamellglasur:

30 g Zucker
150 g Puderzucker
2 bis 3 EL Milch

Schokolade der Ü-Eier zerbröckeln. Apfel schälen, halbieren, entkernen, in feine Würfel schneiden und mit Zitronensaft beträufeln.

Fett, Zucker, Vanillinzucker und Salz mit dem Handrührgerät auf höchster Stufe schaumig schlagen. Nach und nach die Eier unterrühren. Mehl und Backpulver mischen und abwechselnd mit der Milch unterrühren. Zum Schluss die feinen Apfelwürfel unter den Teig heben. Eine Springform mit Rohrbodeneinsatz einfetten und mit Paniermehl ausstreuen. Zwei Drittel des Teiges in die Form füllen. Den restlichen Teil mit Kakao verrühren und zum Schluss die Ü-Eier-Schokolade unterrühren. Dann alles auf den hellen Teig geben und glatt streichen. Im vorgeheizten Backofen bei 175° abbacken. Anschließend in der Form abkühlen lassen auf einen Kuchenteller stürzen.

Für die Karamellglasur den Zucker in einer Pfanne mit wenig Hitze hellbraun werden lassen und mit der Milch ablöschen. Dann unter ständigem Rühren zu einer sirupähnlichen Masse einkochen lassen. Vom Herd nehmen, unter ständigem Rühren den Puderzucker hinzufügen und so lange rühren, bis keine Klümpchen mehr vorhanden sind. Anschließend den Kuchen mit der Karamellglasur überziehen und mit dem Inhalt der Ü-Eier dekorieren.

Milchreistorte

Zutaten für den Teig:

300 g Butter
150 g Puderzucker
1 Ei
1 Pck. Vanillinzucker
1 Röhrchen Zitronenaroma
1 Prise Salz
110 450 g Weizenmehl
1 Msp. Backpulver

Zutaten für die Creme:

½ l Milch
20 g Zucker
Zitronenschale von einer halben Zitrone
1 Prise Salz
125 g Rundkornreis
6 Blatt Gelatine
150 g Quark
100 g Joghurt
1 Pck. Vanillinzucker
350 g Sahne

Zutaten für den Belag:

1 Glas Kirschen
1 Pck. roter Tortenguss
2 EL Zucker

Die gekühlten Zutaten mit Ausnahme von Mehl und Backpulver gründlich miteinander vermengen; anschließend das mit dem Backpulver versiebte Mehl unterkneten. Vor der Weiterverarbeitung ca. eine halbe Stunde kühl stellen, dann den Boden einer Springform damit belegen und in den vorgeheizten Backofen geben. Bei 200° ca. 20 bis 25 Minuten backen.

Für den Milchreis Milch, Zucker, Zitronenschale, Salz und Reis aufkochen und 15 bis 20 Minuten bei geringster Heizstufe quellen lassen. Vom Herd nehmen, nochmals ca. 20 Minuten nachquellen und dann abkühlen lassen.

Gelatine in kaltem Wasser einweichen. Quark, Joghurt und Vanillinzucker verrühren und die aufgelöste Gelatine unterrühren. Sahne mit dem elektrischen Handrührgerät auf höchster Stufe steif schlagen und vorsichtig unter den Milchreis heben. Den Tortenboden auf eine Tortenplatte legen und einen Tortenring umlegen. Dann den Milchreisbelag auf den Tortenboden füllen, alles glätten und mindestens drei Stunden im Kühlschrank fest werden lassen.

Kirschen in einem Sieb abtropfen lassen, dabei den Saft auffangen. Tortenguss nach Packungsanweisung mit dem Saft der Kirschen und dem Zucker anrühren. Kirschen unterrühren, etwas abkühlen lassen und häufchenweise auf dem Milchreis verteilen. Bis zum Verzehr im Kühlschrank kalt stellen.

Ballermann-Torte

Zutaten für den Teig:

4 Eigelb
2 EL lauwarmes Wasser
120 g Zucker
1 Pck. Vanillinzucker
1 Prise Salz
4 Eiweiß
75 g Mehl
75 g Speisestärke

Zutaten für den Belag:

400 g Schlagsahne
2 Pck. Sahnesteif
30 g Ice-Tea-Pulver »Pfirsich«

Zutaten für den Pfirsichbelag:

2 Dosen Pfirsichspalten
2 Pck. klarer Tortenguss
4 EL Zucker

Zutaten für die Deko:

Mandarinenspalten und Papierschirmchen zum Verzieren

Eigelb und lauwarmes Wasser in eine Schüssel geben und mit dem elektrischen Handrührgerät schaumig schlagen. Zwei Drittel des Zuckers, Vanillinzucker und Salz dazugeben, dann alles auf höchster Stufe zu einer dicklichen Eiercreme schlagen. Das Eiweiß mit dem restlichen Zucker zu steifem Schnee schlagen. Eischnee mit dem Schneebesen unter die Eigelbmasse ziehen. Mehl und Speisestärke darübersieben und alles mit dem Schneebesen vorsichtig unterziehen, bis eine glatte Masse entstanden ist. Den Teig sofort in eine am Boden mit Backpapier ausgelegte Form füllen und im vorgeheizten Backofen bei 175° ca. 30 Minuten backen. Aus dem Ofen nehmen. Boden erst in der Form abkühlen lassen, dann aus der Form lösen und auf einem Kuchengitter auskühlen lassen.

Um den Tortenboden einen Tortenring oder den Springformrand legen. Sahne steif schlagen, dabei Sahnesteif und Ice-Tea-Pulver einrieseln lassen. Ice-Tea-Sahne auf dem Biskuitboden verteilen und glatt streichen. Ca. 1 Stunde im Kühlschrank kalt stellen.

Pfirsichspalten über einem Sieb abtropfen lassen, Saft dabei auffangen. 1/2 l Pfirsichsaft abmessen. Die Pfirsichspalten dachziegelartig auf die Sahne legen. Tortengusspulver mit dem Zucker in einem kleinen Topf verrühren. Saft und 3 EL Wasser einrühren, unter Rühren aufkochen. Etwas abkühlen lassen und von der Mitte aus gleichmäßig auf den Pfirsichen verteilen. Bis zum Verzehr im Kühlschrank kalt stellen. Mit Mandarinenspalten und kleinen Papierschirmchen verzieren.

Torte Veneziano

Zutaten für den Teig:

125 g Zartbitterschokolade
5 Eier
100 g weiche Butter
100 g Zucker
225 g gemahlene Mandeln
1 TL Backpulver

114

Zutaten für die Füllung:

32 Waffelröllchen mit Haselnusscreme, z. B. Condor Waffelröllchen oder *Amicelli*
600 g Schlagsahne
1 Pck. Sahnesteif
3 TL Johannisbeer-Gelee
1 Pck. Vanillinzucker
2 Tropfen Bittermandel-Aroma
evtl. Gelee- und Zuckerherzen
1 großer Gefrierbeutel

Backofen vorheizen. Schokolade grob reiben, Eier trennen. Mit dem elektrischen Handrührgerät Butter und Zucker schaumig rühren, dann die Eigelb einzeln unterrühren. Mandeln, Backpulver und Schokolade mischen, unterrühren. Eiweiß steif schlagen und nach und nach unterheben.

Den Boden einer Springform mit Backpapier auslegen und den Teig in die Form streichen. Im Backofen bei 180° ca. 30 Minuten backen, dann abkühlen lassen. 26 Waffelröllchen in einen Gefrierbeutel geben und verschließen. Waffelröllchen mit einer Teigrolle fein zerdrücken. Zwei Drittel der Sahne mit dem elektrischen Handrührgerät auf höchster Stufe steif schlagen, dabei das Sahnesteif einrieseln lassen. Zum Schluss die zerdrückten Waffelröllchen unterheben.

Tortenboden einmal quer durchschneiden. Gelee leicht erwärmen, den unteren Tortenboden damit bestreichen und drei Viertel der Waffel-Sahne darauf streichen. Nun den zweiten Boden vorsichtig auflegen und mit der übrigen Waffel-Sahne bestreichen. Ca. zwei Stunden im Kühlschrank kalt stellen. Die restliche Sahne mit dem elektrischen Handrührgerät auf höchster Stufe steif schlagen, dabei Vanillinzucker einrieseln lassen und das Mandelaroma hinzufügen. Die Torte mit der Hälfte der Sahne bestreichen. Die restliche Sahne in einen Spritzbeutel füllen und ringsherum kleine Sahnetupfen spritzen. Zum Garnieren die restlichen Waffelröllchen halbieren und neben die Sahnetupfen stecken. Mit Gelee- und Zuckerherzen verzieren.

Bergfest-Torte

Zutaten für den Boden:

50 g gemahlene Haselnüsse
5 Eier
150 g Zucker
1 Pck. Vanillinzucker
75 g Mehl
75 g Speisestärke
1 TL Backpulver
2 EL Kakao
2 EL Rum

Zutaten für den 1. Belag:

1 Pck. Vanillepuddingpulver
1 Glas Sauerkirschen

Zutaten für den 2. Belag:

200 g Schlagsahne
1 Pck. Sahnesteif
1 Pck. Montelino (von Milka)

Zutaten für die Schokosahne:

200 g Vollmilchschokolade
400 g Schlagsahne
2 Pck. Sahnesteif

Zutaten für die Dekoration:

150 g weiße Kuvertüre
1 Pck. Montelino (von Milka)

Einen Tag vor der Zubereitung der Torte für die Schokosahne die Schokolade in Stücke brechen und in 400 g Sahne unter Rühren aufkochen. Über Nacht kalt stellen.

Dann die Nüsse ohne Fett in einer Pfanne rösten und abkühlen lassen. Eier trennen. Eiweiß mit dem elektrischen Handrührgerät auf höchster Stufe steif schlagen, dabei Zucker und Vanillinzucker einrieseln lassen. Eigelb einzeln darunter schlagen, dann Mehl mit der Speisestärke und dem Backpulver vermischen und zusammen mit dem Kakao auf die Creme sieben. Zum Schluss die gemahlenen Nüsse und den Rum unterheben. Eine Springform am Boden mit Backpapier auslegen. Teig in die Form streichen, im vorgeheizten Ofen bei 175° backen und anschließend auskühlen lassen. Dann den Boden zweimal quer durchschneiden.

Für den ersten Belag Puddingpulver und 6 EL Kirschsaft verrühren. Kirschen mit dem restlichen Saft aufkochen. Puddingpulver einrühren, nochmals kurz aufkochen und dann abkühlen lassen. Den unteren Boden auf eine Tortenplatte legen und das Kirschkompott darauf anordnen, dabei ringsherum einen ca. 1 cm breiten Rand lassen. Nun den zweiten Boden auflegen und kuppelförmig andrücken.

Für den zweiten Belag mit dem elektrischen Handrührgerät die Sahne mit Sahnesteif steif schlagen. Montelinos fein hacken und unterheben. Die Sahne kuppelförmig auf den zweiten Boden streichen und den letzten Boden darauf andrücken. Die gekühlte Schokosahne mit dem Schneebesen des Handrührgerätes steif schlagen, dabei Sahnesteif einrieseln lassen. Die Tortendecke und die Ränder der Torte mit der Schokosahne bestreichen, dabei wieder versuchen, eine

Kuppel zu bilden. Anschließend mindestens drei Stunden im Kühlschrank gut durchkühlen lassen. Für die Deko die Kuvertüre hacken und im heißen Wasserbad schmelzen. Von der Mitte aus wie eine Felsenspitze auf der Torte verlaufen lassen. Die restlichen Montelinos halbieren und den Rand der Torte damit verzieren.

Süße Nougat-versuchung

150 g Marzipanrohmasse
2 Stangen Nougatrolle, je 75 g
200 g weiche Butter
4 Eier, getrennt
250 g Zucker
250 g Mehl
1 TL Backpulver
5 EL Milch
etwas Fett und Mehl für die Form
Puderzucker

Marzipanrohmasse und Nougat weich kneten, die weiche Butter dazugeben und cremig rühren. Eigelb und 170 g Zucker mit dem Handrührgerät auf höchster Stufe schaumig schlagen. Dann die Marzipan-Nougatbutter unterrühren. Mehl mit Backpulver vermischen und nach und nach mit der Milch langsam unterrühren. Eiweiß mit restlichem Zucker mit dem elektrischen Handrührgerät schaumig aufschlagen und den Eischnee vorsichtig unter den Teig heben. Eine Napfkuchenform gut einfetten, mit Mehl bestäuben und den Teig einfüllen. Im vorgeheizten Backofen bei 170° ca. 45 Minuten backen. Anschließend auf ein Kuchengitter stürzen und mit Puderzucker bestäuben.